12 Radtouren in der Euregio Maas-Rhein

von Benno Hermes

Droste Verlag

© **2010 Droste Verlag GmbH, Düsseldorf**
Gestaltung/Satz: Droste Verlag
Fotos: Benno Hermes
(Titelfoto: St-Servatius-Brücke, Maastricht; S. 1: Kasteel Terworm, Heerlen;
S. 2: Alter Bauernhof bei Heerlen)
Karten: Heike Boschmann, München
Druck und Bindung: Offizin Andersen Nexö Leipzig GmbH, Zwenkau

(Alle Abweichungen, die nach dem Redaktionsschluss erfolgten,
konnten im Buch nicht mehr berücksichtigt werden.
Hinweise und Änderungen nehmen wir gerne entgegen.)

ISBN: 978-3-7700-1351-7
www.drosteverlag.de

Inhalt

K 01 | Rund um die Parkstad Heerlen — 8
An Bächen entlang zu den Schlössern, Mühlen und
Vierkanthöfen der Grenzstadt Heerlen

K 02 | Rund um den Tagebau Inden durch das Indeland — 16
Ein Tagebau, seine Umgebung und Geschichte

**K 03 | An Inde und Vichtbach durch Stolberg und
das Münsterländchen** — 28
Eine Reise durch die Geschichte der Industrialisierung

K 04 | Durch den Haspengau und Tongeren — 40
Römer und Eburonen, mittelalterliche Schlösser
und die älteste Stadt Belgiens

N 01 | Am Wasser durch das Maasland — 54
Eine naturnahe Runde an den Ufern von Maas
und Zuid-Willemsvaart

N 02 | Von Hasselt aus ins Herz Belgisch-Limburgs — 60
Eine flache Runde durch die Weiher- und
Heidelandschaft Midden-Limburgs

N 03 | An der Rur entlang in den Nationalpark Eifel — 66
Eine abwechslungsreiche und naturnahe Radtour
zu beiden Seiten der Rur

**N 04 | Vogelsang, drei Talsperren und der
Nationalpark Eifel** — 76
Eine Radtour durch die Natur der Nordeifel

G 01 | Rund um die Kaiserstadt Aachen — 84
Printen und Heilwasser, Karl der Große und heiße Quellen

**G 02 | Von Welkenraedt durch das Herver
Ardennenvorland nach Lüttich** — 96
Belgische Spezialitäten, ein Bahnradweg und
frankophone Lebensart

**G 03 | Das südlimburgische Mergelland bei
Maastricht** — 108
Eine genüssliche Radtour durch die Hügel
des Heuvellands

G 04 | Rund um den Dreiländerpunkt — 118
Eine alte Kaiserstadt, das Butterländchen und der
höchste Punkt der Niederlande

Vorwort

Radfahren in der Euregio Maas-Rhein heißt, das Flair dreier Nationen zu genießen: frankophon in Belgien, rheinisch in Deutschland und limburgisch im Süden der Niederlande und im angrenzenden Belgien. Kulturelle Highlights der Gegend sind die Städte Lüttich, Aachen und Maastricht.

Als in Aachen Geborener kenne ich die Euregio, seit ich denken kann. Schon als Kind faszinierten mich die Grenzposten, die wir auf den Einkaufsfahrten mit meinen Eltern passieren mussten. Damals wurden wir beim Grenzübertritt oft angehalten und nach Waren gefragt, die verzollt werden mussten. Jenseits der Grenze gab es tolle Dinge: belgische Schokolade für uns Kinder, Pralinen für meine Mutter, holländischen Lakritz für meinen Vater und günstiges Benzin für unser Auto. Darüber hinaus fiel mir als kleinem Jungen auf, dass relativ nah hinter der Grenze die Welt ein wenig anders war: Straßen, Schilder, Häuser hatten ein anderes Aussehen, und die Sprache verstand ich nicht.

Auf den Recherchetouren zu diesem Radwanderführer habe ich die Euregio meiner Kindheit wiedergefunden. Nur die Grenzkontrollen sind im Zuge eines zusammenwachsenden Europas weggefallen. All die anderen Dinge aber sind geblieben und faszinieren mich auch heute noch – besonders die Möglichkeit, so nah an meiner Heimatstadt Aachen in einen anderen Kulturkreis einzutauchen. Die bieten Ihnen auch die zwölf Radtouren in diesem Buch.

Jede dieser Touren ist einem Oberthema zugeordnet: „Natur", „Kultur" oder „Genuss". Sie enthalten neben einer genauen Wegbeschreibung Erläuterungen zu Sehenswürdigkeiten und Wissenswertem rund um die Region. Geografisch verteilen sich die Strecken über die gesamte Euregio und führen Sie ins belgisch-niederländische Limburg ebenso wie ins frankophone Wallonien und das rheinisch geprägte Umland Aachens. Mir persönlich hat das Radeln in der Euregio Rhein-Maas viel Spaß bereitet. Ich hoffe, dass ich Ihnen ein wenig von diesem Gefühl mit auf den Weg geben kann, wenn Sie auf den Routen dieses Buches durch die Euregio radeln. Eine genüssliche Radtour wünscht

Ihr Benno Hermes

Serviceteil

Die Euregio

Die Euregio Maas-Rhein erstreckt sich im Grenzraum Belgiens, Deutschlands und der Niederlande um die Städte Aachen, Lüttich und Maastricht herum. Radfahren hat hier eine lange Tradition – zwei populäre Rennen des Straßenradsports finden in der Euregio statt: Das Amstel Gold Race und das älteste noch ausgetragene Eintagesrennen Lüttich–Bastogne–Lüttich sind Klassiker, die weltweit verfolgt werden. Gerade im südlichen Teil der Euregio ist auch das Mountainbiken sehr populär: Der erste Olympiasieger im Mountainbikewettbewerb, Bart Brentjens, stammt aus der Gegend um Maastricht. Darüber hinaus gibt es Tausende Alltagsradler, die auf dem reichhaltigen Radwegenetz der Euregio an Wochenenden und in den Ferien ihre Freizeit verbringen. Die Euregio bietet also kulturell und infrastrukturell einiges, um die in diesem Buch beschriebenen Touren zu einem einmaligen Erlebnis werden zu lassen.

Topographie

Der Süden der Euregio ist geprägt durch die Ausläufer von Eifel und Ardennen. In Limburg, dem nordwestlichen Teil der Euregio, erstreckt sich das Mergelland, eine hügelige, von Kalksandstein geprägte Landschaft. Im Norden der Euregio wird es richtig flach: Die Jülicher Börde auf der deutschen Seite und der daran angrenzende Teil Niederländisch-Limburgs bis zur Maas sind geprägt von weiten Acker- und Weideflächen.

Aufbau des Buches

In diesem Radwanderführer finden Sie zwölf sorgsam ausgewählte Radtouren durch die Euregio Maas-Rhein. Jeder Tour ist ein eigenes Kapitel gewidmet. Die Kapitel enthalten jeweils einen Einleitungstext, eine Übersichtskarte, einen Informationsteil und eine ausführliche Wegbeschreibung.

Im Einleitungstext werden Sie allgemein mit dem Charakter der Tour bekannt gemacht. Die Übersichtskarte vermittelt ihnen einen Eindruck über den Verlauf der Tour und zeigt, wo sie Sehenswürdigkeiten oder Einkehrmöglichkeiten am Wegesrand erwarten können. Der Informationsteil enthält die wichtigsten Eckdaten zu den einzelnen Touren: Hier werden zum Beispiel die Art der Strecke umschrieben, die Anfahrt erläutert oder wichtige Adressen zur Tour genannt. Die Wegbeschreibungen enthalten eine genaue Erläuterung des Streckenverlaufs und Tipps zu Besichtigungen und Sehenswürdigkeiten sowie Hintergründiges zur jeweils durchradelten Gegend.

Routen
Die ausgewählten Strecken in diesem Buch verlaufen meist auf Radwegen und autofreien Wegen. Bei der Auswahl wurde darauf geachtet, dass die Routen sowohl von der Länge als auch vom Schwierigkeitsgrad her von fast jedem Alltagsradler bewältigt werden können.

Fahrradfahren in der Region
Die Touren verlaufen größtenteils auf verschiedenen Radwegenetzen in der Euregio Maas-Rhein. Zum einen ist dies das Radverkehrsnetz NRW in Deutschland und zum andern das Fietsroute-Netwerk in Belgisch- und Niederländisch-Limburg.
- Die Schilder des Fietsroute-Netwerks in Belgisch-Limburg sind einheitlich gestaltet: blaues eckiges Schild, das im oberen Bereich ein Fahrradsymbol aufweist. Darunter wird in einem Kreis die Nummer des nächsten Knotenpunkts genannt und mit einem Pfeil die Fahrtrichtung angezeigt.
- Die Wegweiser im Radverkehrsnetz NRW sind weiß und enthalten entweder einen Richtungspfeil oder eine Orts- und Entfernungsangabe in roter Schrift.
- Die Wegweiser des RurTalRadweges sind grün und zeigen einen stilisierten Fluss sowie die Aufschrift „Roer/Rur". Sie sind meist an den Schildern des Radverkehrsnetzes NRW befestigt. Teilweise ist der RurTalRadweg auch mit einer älteren Beschilderung ausgewiesen: rechteckige weiße Schilder mit einem grünen Fahrradsymbol und der ebenfalls grünen Beschriftung „RUR".

- Im Fietsroute-Netwerk in Niederländisch-Limburg sind die Wegweiser weiß und enthalten in Grün ein Fahrradsymbol, den nächsten Knotenpunkt und eventuell eine Orts- und Entfernungsangabe.

Für die Strecken, auf denen wir der Beschilderung dieser Radwegenetze folgen, wird das in der jeweiligen Routenbeschreibung erläutert.

ÖPNV
Bis auf eine Ausnahme beginnen und enden alle Routen an Bahnhöfen. Dies ermöglicht eine An- und Abreise mit der Bahn. Die Fahrradmitnahme ist in den Regionalzügen aller drei Länder jederzeit möglich. Informationen zu Fahrplänen und Preisen erhalten Sie im Internet unter:

- *www.bahn.de* (Deutschland)
- *www.avv.de* (Kreis Aachen)
- *www.ns.nl* (Niederlande)
- *www.b-rail.be* (Belgien)

Die Anreise mit dem Auto wird in den Informationen zu jeder Tour beschrieben.

Adressen
- Aachen und Umgebung: *www.aachen.de*
- Belgisch-Limburg: *www.toerismelimburg.be*
- Niederländisch-Limburg: *www.vvvzuidlimburg.nl*

Karten (Auswahl)
- ADFC Regionalkarte Aachen – Dreiländereck
- Karte Aachen/Dreiländereck, BVA Bielefelder Verlag
- Fietskaart Limburg, www.toerismelimburg.be

KULTUR TOUR 01

Rund um die Parkstad Heerlen
An Bächen entlang zu den Schlössern, Mühlen und Vierkanthöfen der Grenzstadt Heerlen

Dieser Rundkurs führt uns auf der Parkstad-Route durch die Schloss- und Landschaftsparks der Grenzstadt Heerlen. Hier befand sich einst das Zentrum des niederländischen Steinkohlebergbaus. Wir radeln an Bächen entlang, entdecken prächtige Schlösser, zahlreiche Mühlen, idyllisch gelegene Weiher und limburgische Vierkanthöfe. Die verträumte Landschaft der Brunssumer Heide lädt zum Picknick im Sand ein.

Start und Ziel: Bahnhof Heerlen
Pkw: Am Autobahnkreuz Aachen A 4 Richtung Antwerpen, erste Abfahrt hinter der Grenze: Richtung Heerlen auf N 281; Abfahrt Heerlen-Centrum; an der ersten Ampel rechts Richtung Graasbroek; am ersten Kreisverkehr links auf Parallelweg (rechts liegt der Bahnhof); Q-Park Parkplatz nach der Brücke rechts
ÖPNV: RB 20 von Hauptbahnhof Aachen bis Bahnhof Heerlen
Strecke: Rundtour; ca. 37 Kilometer/4 Stunden
Streckenprofil: Durchgehend asphaltierte Radwege, wenig befahrene Nebenstraßen; drei kurze Steigungen. Leider sehr unauffällige Wegweiser: blaue Säule mit Baum auf weißem Grund
Einkehr: Eetcafe t'Koffiehuuske, Benzenrade 2, NL-6491 PE Heerlen, Tel. (00 31) (45) 5 41 00 96 (Di geschl.); **Boerderijwinkel Corisberghof,** Corisbergweg 1, NL-6416 HJ Heerlen, Tel. (00 31) (45) 5 41 24 51, (So/Mo/Mi geschl.); **Pannekoeken Huis Schrijversheide,** Schaapskooiweg 97, NL-6414 EL Heerlen, Tel. (00 31) (45) 5 22 46 93
Am Wegesrand: Weltermolen, Welterkerkstraat 2, NL-6419 Heerlen; **Hoeve de Rousch,** Kloosterkensweg 17, NL-6419 PJ Heerlen, Tel. (00 31) (45) 5 71 58 90, www.derousch.nl; **Benzenraderhof; Oliemolen,** Oliemolenstraat 32, NL-6416 CB Heerlen, Tel. (00 31) (45) 5 71 29 49, www.reesinkbv.nl; **Kasteel Hoensbroek,** Klinkertstraat 181, NL-6433 PB Hoensbroek, Tel. (00 31) (45) 5 22 72 72, www.kasteelhoensbroek.nl; **Kasteel Terworm,** Terworm 5, NL-6411 RV Heerlen, Tel. (00 31) (45) 4 00 11 11, www.terworm.nl; **Nederlands Mijnmuseum,** Kloosterweg 1, NL-6412 CN Heerlen, Tel. (00 31) (45) 5 71 37 07, www.nederlandsmijnmuseum.eu
Fahrradservice: Bert Rekers Tweewielers, Willemstraat 84, NL-6412 AP Heerlen, Tel.: 00 31 (45) 5 72 68 40

KULTUR TOUR 01

Ein typischer Vierkanthof

Wir starten am **Bahnhof** in Heerlen an der **Stationsstraat**. Wir wenden uns nach **rechts** und fahren bis an eine **Ampel**. Hier entdecken wir den ersten **Wegweiser** der **Parkstad-Route** und biegen rechts ab in den **Parallelweg**. Wir überqueren eine **Brücke** und fahren links ab in den **Eikenderweg**, der uns durch eine **Siedlung** bis zu einer **Schule** führt, und biegen zwischen Schule und Parkplatz nach links ab in die **Pijperstraat**. Leicht **bergab** rollen wir nun durch eine **Unterführung** und folgen der Straße durch den **Landschaftspark Terworm** hinab ins Tal. Dort überqueren wir einen **Bach** und halten uns an **zwei Gabelungen** jeweils links. An einer **T-Kreuzung** halten wir uns links in Richtung **Knotenpunkt** (=KP) 51 und durchfahren mit den Wegweisern in Richtung KP 51 eine **Wohnsiedlung**. An der **Kreuzung Weltertuynstraat/De Doom** verlassen wir die Wegweiser in Richtung KP 51, bleiben auf der **Weltertuynstraat** und biegen vor einer **Kirche** rechts ab in die **Welterkerkstraat**. Wir gelangen in den **Park Weltervijver** mit seinem idyllischen **Mühlenteich** und der **Weltermolen**.

Rund um die Parkstad Heerlen

Die Weltermolen wurde 1381 zum ersten Mal geschichtlich erwähnt. Sie wurde bis 1945 als Kornmühle betrieben. Das Mühlengebäude ist landestypisch aus Backstein erbaut und an seinen Gebäudekanten mit limburgischem Mergelstein (Sandstein) verziert. Es besteht aus Mühle, Wohnhaus, zwei Stallgebäuden und einem viereckigen Turm.

Wir radeln zurück zur **Kreuzung Weltertuynstraat/De Doom** und biegen links ab in **De Doom**. An einer weiteren **Kreuzung** fahren wir **geradeaus weiter** auf dem links des **Klosterkerkensweges** gelegenen **Radweg**. Links von uns fließt der **Geleenbeek**, an dessen Ufer der denkmalgeschützte **Hoeve de Rousch** liegt.

Der Hoeve de Rousch, ein Vierkantbauernhof, wurde 1381 erstmals erwähnt und besteht in seiner heutigen Anlage bereits seit 1859. Zu Beginn des 14. Jahrhunderts besiedelten Mönche die damals noch wilde Landschaft am Geleenbeek. Nicht weit entfernt von ihrem Kloster entstand De Rousch als Landsitz der Familie Wildenbroek. Er wurde bis 1963 von seinen adeligen Besitzern bäuerlich genutzt.

Am Ende des Radweges kommen wir durch eine **Unterführung** und folgen der **Straße Benzenrade**. Auf der linken Seite lädt das **Eetcafe t'Koffiehuuske** mit landestypischen Gerichten zum Verweilen ein. Wir fahren weiter geradeaus am **Geleenbeek** entlang, bevor wir an der nächsten **Gabelung** den **Bremersweg** nach **links** nehmen. Hier radeln wir bergauf am **Benzenraderhof** vorbei.

Der Benzenraderhof wurde 1281 erstmals schriftlich erwähnt. Damals bewohnte die Familie des Lehnsherrn Bercholphus van Bensenrade den Hof. Direkt neben dem Benzenraderhof entspringt der Geleenbeek und sammelt sich zu einem Weiher. Die Quelle fördert kontinuierlich zwei bis drei Liter Wasser pro Minute zutage und füttert den mit 37 Kilometern längsten Bach Limburgs. Er mündet bei Roosteren in die Maas.

Wir fahren weiter **geradeaus**, unter einer **Autobahn** her und biegen **rechts** ab auf den **Kleekampweg**. Nach wenigen Metern geht es nach **links bergauf** auf dem **Buldersweg**, einem wunderschönen alten **Hohlweg**. Oben angekommen biegen wir rechts ab auf den **Zandweg**, genießen den **Ausblick** und fahren dann links die **Cl. Meulemansstraat** hinunter. An einem **Kreisverkehr** stoßen wir auf die **Heerlerbaan**, folgen ihr nach rechts bis zu einer **Ampel**, an der wir links in den **Caumerweg** abbiegen. Auf diesem bleiben wir bis zur **Kreuzung** mit dem **Corisbergweg**, wenden uns nach links und passieren auf dem Corisbergweg den **Boerderijwinkel** (Hofladen) des **Corisberghofes**, wo wir uns mit Gemüse, Früchten und Fleisch aus eigener Herstellung versorgen können. Nach einem **Linksschwenk** der Straße biegen wir **scharf rechts** ab in Richtung **Onderste Caumer**. Diesen verlassen wir an der nächsten **Weggabelung** nach **links** und fahren durch eine **Siedlung** bis zum Ende der Straße. Hier halten wir uns kurz **rechts**, dann wieder **rechts** und rollen den **Caumermolenweg** hinunter. An **alten Holzhäusern** vorbei erreichen wir die linker Hand gelegene **Caumermühle**. Direkt daneben beginnt die **Justus van Maurikstraat**, der wir bis zu einer **T-Kreuzung** folgen; hier biegen wir links auf die **Molenberglaan** ab. Wir fahren zunächst weiter geradeaus auf der **Molenberglaan**, dann an einem **Kreisverkehr** nach rechts in den **Sint Franciscusweg**, auf dem wir bis zur **Kreuzung** mit der **Oliemolenstraat** bleiben. Rechts liegt nun die **Oliemolen** (Ölmühle).

Anfang des 15. Jahrhunderts erbaut, wurde die Mühle zunächst zur Tuchbearbeitung, später zur Ölherstellung genutzt. Heute wird für Besucher Weizen gemahlen, und im Mühlenladen können regionale Produkte erstanden werden.

Wir radeln **geradeaus** auf dem **Radweg** weiter, überqueren eine **Ampelkreuzung** und biegen nach **zwei Kreisverkehren** rechts ab in die **Samuel van Houtenstraat**. Es geht kurz bergauf, wir nehmen den **rot gepflasterten Verbindungsweg** zur **Baron Mackaystraat**. Dieser folgen wir nach links und sehen neben der Straße den **Weiher Meezenbroek**, den wir nach links auf der **Kasteellaan** überqueren. An der **nächsten Kreuzung** folgen wir dem **Meezenbroekerweg** nach rechts und gelangen an den links gelegenen **Vierkanthof De Baak (Nr. 95)**. Hier biegen wir links ab, radeln die recht steile **Palenbergstraat** hoch und fahren geradeaus weiter auf den **Heiweg**. Vor uns liegen die Brunssumer Hei-

Blick in die Brunssumer Heide

de und eine riesige Sandgrube. An der folgenden **T-Kreuzung** halten wir uns links auf dem **Kapelweg** und biegen danach rechts ab in Richtung **KP 77**. Nun geht es geradeaus auf die Brunssumer Heide zu bis zum **KP 77**. Dort biegen wir nach **links** ab Richtung **KP 76** in den **Kamperheideweg**. Weiter geht es bis zu einem **Parkplatz**. Hier biegen wir nach rechts **Richtung KP 35** auf einen **unbefestigten Radweg** ab, halten uns an einer Kreuzung **links** und gelangen zum **Besucherzentrum Brunssumerheide**. **1** Besucherzentrum Brunssumerheide; 18km

Direkt nebenan befindet sich das **Pannekoeken Huis Schrijversheide,** dessen Spezialitäten auf der Terrasse mit Heideblick stilvoll genossen werden können.

Wir fahren **geradeaus** weiter bis zum **Heereweg**. Hier geht es an einer **T-Kreuzung** zunächst auf dem Radweg **rechts bergab** und an der ersten **Ampel** nach **links** in den **Uterweg**, auf dem wir bis zu einem **Kreisverkehr** bleiben. Dort biegen wir **rechts** ab in den **Oude Brunssumerweg**. Hinter dem letzten Wohnblock der Straße führt uns ein **Radweg** nach links in einen Park. Wir folgen den Wegweisern **Richtung KP 26**, biegen dort links in die **Cronjestraat** ab und folgen den Wegweisern **Richtung KP 25**. An einem **Kreisverkehr** fahren wir **geradeaus** eine sanfte **Steigung** hinauf und biegen scharf rechts auf den **Radweg** ab

(**Schild Fietspad**). An der **Abraumhalde** der stillgelegten Mine Oranje-Nassau III entlang radeln wir nun durch den **Stadspark de Koumen**. Im Park ignorieren wir einen Abzweig nach links und fahren weiter in **Richtung KP 25**. Nach einiger Zeit passieren wir das links der Straße gelegene **Kasteel Hoensbroek**. An einer **T-Kreuzung** biegen wir **links** ab in die **Juliana Bernardlaan** und an der **nächsten Kreuzung** gleich wieder links in die **Klinkertstraat**.

2 Kasteel Hoensbroek; 26 km

Das Kasteel Hoensbroek ist eines der größten und schönsten Wasserschlösser der Niederlande. Sein ältester Teil stammt aus dem Jahr 1250. Heute wird das Schloss für Veranstaltungen genutzt. Es bietet ein tolles Programm für Kinder und kann besichtigt werden.

Gegenüber dem Kasteel biegen wir rechts ab in einen **Radweg**, weiterhin **Richtung KP 25**. An einer **Unterführung** folgen wir **nicht** den Wegweisern Richtung KP 25, sondern biegen **links** ab, genauso an der **nächsten Kreuzung**, hier in Richtung der **Beschilderung Brommelen 5–8**. Wir fahren auf dem **Radweg** am **Esschenweg** geradeaus in **Richtung KP 55**, über eine **Autobahnbrücke** hinweg, danach unter einer **Fußgängerbrücke** hindurch und auch nach einer **Kreuzung** weiter geradeaus. Der Esschenweg wird hier zu **Ten Esschen**. Wir folgen der **Beschilderung** bis zum **KP 53**; dort biegen wir links ab und fahren durch eine **Senke** am **Kasteel Terworm** vorbei.

3 Kasteel Terworm; 32 km

Kasteel Terworm ist ein Schloss aus dem 14. Jahrhundert mit einem Rokoko-Garten, der im französischen Stil angelegt wurde. Heute wird es als Hotel und Restaurant genutzt, der Garten kann besichtigt werden.

Wir fahren aus der Senke hinaus, unter einer **Autobahn** hindurch und an einem **Kreisverkehr** links ab auf **De Kramer**. Nun nehmen wir die **Dudoklaan** rechts ab durch einen **Eisenbahntunnel**. Die Straße macht hier einen **Linksknick**, hinter dem wir den **zweiten Weg rechts** bergauf nehmen (Radweg). Im folgenden **Park** halten wir uns rechts, an einer **Fußgängerschleuse** ebenfalls und fahren bis zu einer **T-Kreuzung**. Dort folgen wir

Kasteel Hoensbroek

der **Zeswegenlaan** nach rechts und an einer **weiteren T-Kreuzung** wieder nach rechts und fahren auf dem **Radweg** am **CBS-Weg** entlang. Nach ein paar Hundert Metern sehen wir auf der rechten Seite zwischen modernen Bürogebäuden das in einem alten Schachtgebäude der Oranje-Nassau-Mine untergebrachte **Niederländische Bergbaumuseum.**

Das Nederlands Mijnmuseum beschäftigt sich mit dem in der Gegend früher ansässigen Kohlebergbau. Man schätzt, dass in der Gegend um Heerlen bereits seit dem Jahr 1100 Steinkohle abgebaut wurde.

Wir lassen das Museum rechts liegen und biegen wenige Meter weiter rechts ab. Am nächsten **Kreisverkehr** folgen wir dem hervorragend ausgebauten **Radweg** nach rechts, radeln durch eine **Unterführung** und gelangen wieder an den **Parallelweg**. Diesem folgen wir nach links und gelangen an den **Ausgangspunkt** der Tour am **Bahnhof Heerlen.**

KULTUR TOUR 02

Rund um den Tagebau Inden durch das Indeland
Ein Tagebau, seine Umgebung und Geschichte

Diese eindrucksvolle Runde führt uns durch das Indeland, die vom Kohleabbau geprägte Landschaft am Unterlauf des Flüsschens Inde. Wir erleben, wie Braunkohle abgebaut wird, und wandeln auf den Spuren der Steinkohleförderung. Unterwegs treffen wir auf einen neu angelegten Flusslauf und eine gerade erst entstandene Naturlandschaft und radeln durch einen Geisterort. Begleitet von spektakulären Ausblicken in den Braunkohletagebau Inden lernen wir das Wechselspiel zwischen Industrie und Natur kennen.

Start und Ziel: Bahnhof Langerwehe
Pkw: A 4 Köln-Aachen, Abfahrt Eschweiler-Ost; L 11 Richtung Weisweiler; B 246 Richtung Langerwehe, rechts ab auf Langerweher Straße; rechts ab auf Leo-Höxter-Straße; links halten auf Merbericher Weg, mündet auf Bahnhofsplatz mit P+R Parkplatz
ÖPNV: RE 1 bzw. RE 9 von Köln oder Aachen; RB 20 von Aachen
Strecke: Rundtour; ca. 48 Kilometer/5 Stunden
Streckenprofil: Die Strecke verläuft überwiegend auf autofreien Radwegen, teilweise auch auf unbefestigten Wirtschaftswegen, und ist bis auf wenige Abschnitte flach. Sie ist größtenteils ausgeschildert mit Wegweisern des Radverkehrsnetzes NRW (s. Serviceteil)
Einkehr: Gasthof Rinkens, Fronhoven 70a, 52249 Eschweiler, Tel. (0 24 03) 5 22 48 (Mo geschl.); **diverse Einkehrmöglichkeiten in Aldenhoven**
Am Wegesrand: Kraftwerk Weisweiler; Lucherberger See; Aussichtsturm Indemann; Inde; Tagebau Inden; Kapelle Lohn; Museum Bergmannshaus Aldenhoven, Dietrich-Mülfarth-Straße 8a, 52457 Aldenhoven, Tel. (0 24 64) 90 64 06, www.traditionsverein-aldenhoven.de; **Ortschaft Pier**
Fahrradservice: Lothar Westmark Fahrräder, Kapellenplatz 13, 52457 Aldenhoven, Tel. (0 24 64) 17 85
Berührungspunkt: Mit Tour N 03

KULTUR TOUR 02

Blick über den Lucherberger See

Am **Bahnhof Langerwehe** nehmen wir den **Ausgang Ulhausgasse,** halten uns an der ersten **Gabelung** rechts und radeln an der **Bahnlinie** entlang bis zum Ende der Straße. Hier biegen wir links ab und rollen eine **Gefällstrecke** hinab bis zur nächsten **Kreuzung.** Links befindet sich ein **Kreisverkehr.** Wir fahren nach rechts in die Hauptgeschäftsstraße Langerwehes, die **Hauptstraße,** wo wir in verschiedenen Obstläden, Bäckereien und Supermärkten Proviant einkaufen können. Wir folgen der Hauptstraße bis zu einem **Kreisverkehr.** Hier steht auf der linken Straßenseite die **Jakobsstatue,** die den hier entlanglaufenden Jakobsweg markiert. Gleich hinter der Statue beginnt ein **kleiner geschotterter Weg,** der uns am **Wehebach** entlang in den Wendehammer einer **Sackgasse** führt. Wir radeln **geradeaus** aus der Sackgasse hinaus bis zu einer **T-Kreuzung,** fahren an dieser kurz links und gleich darauf rechts in einen **geteerten Wirtschaftsweg.** Nun haben wir die Siedlung Langerwehe hinter uns gelassen. Links von uns sehen wir in einigen Kilometern Entfernung das **Braunkohlekraftwerk Weisweiler.**

Das Kraftwerk Weisweiler wird mit Braunkohle befeuert, die von der RWE Power AG im Tagebau Inden abgebaut wird. Sie erreicht das Kraftwerk direkt über ein Förderband, das wir im Laufe unserer Tour noch unterqueren. Das Kraftwerk nahm seinen Betrieb bereits 1914 auf, wurde bis 1987 aber mit Braunkohle aus dem nahen Tagebau Zukunft betrieben.

Wir radeln auf dem geteerten Wirtschaftsweg durch **Felder** und unter der **B 264** hindurch. Der Weg führt uns nun an der Bebauung des **Ortes Luchem** entlang und endet an einer **T-Kreuzung**. Gegenüber liegt das **Feuerwehrhaus** von Luchem. Hier wenden wir uns nach rechts und überqueren den **Wehebach** auf einer **Brücke**. Gleich hinter der **Brücke** biegen wir links ab und radeln an **Häusern** und einem **Spielplatz** vorbei, bis die Straße an einer **Landstraße** mündet. Wir schwenken nach rechts auf die **Landstraße** ein und wechseln kurz vor einer **Autobahnbrücke** die Straßenseite. Auf einem **Radweg** fahren wir weiter geradeaus in **Richtung Lucherberg**. In den Ort hinein müssen wir eine gut fahrbare **Steigung** überwinden. Auf der rechten Seite fällt durch Bäume hindurch der Blick auf den **Lucherberger See**.

Der Lucherberger See ist Teil des ehemaligen Braunkohletagebaus Lucherberg 3 und hat bei einer Fläche von etwa 56 Hektar eine Tiefe von ca. 30 Metern. Er befindet sich im Besitz der Firma Rheinbraun, die sein Wasser für das nahe gelegene Kraftwerk Weisweiler zum Kühlen verwendet. Neben dieser Funktion dient er als Naturschutzgebiet und Anlage für Wassersportler.

Am Ende der Steigung biegen wir **links** ab. Ein **Wegweiser** des **Radverkehrsnetzes NRW** weist uns in **Richtung Inden**. Zunächst geht es auf dem **Radweg** an der **Goltsteinstraße** recht steil bergab; wir sollten aber vorsichtig fahren, weil es hier einige nur schwer einsehbare Grundstücksausfahrten gibt. Wir gelangen nach Inden und dort an einen **Kreisverkehr,** wo wir rechts auf die **Merödgener Straße** abbiegen und dieser folgen. An der ersten **Kreuzung** außerhalb des Ortes biegen wir rechts ab zum **Indemann**.

1 Indemann; 7 km

Der Indemann ist ein 36 Meter hoher Aussichtsturm auf dem Plateau der Goltsteinkuppe, einer ehemaligen Abraumhalde, und trägt die Gestalt eines überdimensionalen Arbeiters. Er ermöglicht uns einen großartigen Rundblick über den laufenden Tagebau, die Jülicher Börde und die Nordeifel.

Nach diesem Abstecher gelangen wir wieder an die **Kreuzung,** an der unser Aufstieg begann, und fahren nun **geradeaus** über sie hinweg. In der folgenden **Linkskurve** sehen wir auf der rechten Seite den entwässerten ursprünglichen Verlauf der **Inde.** Wenige Meter später überqueren wir den Fluss. Hier fließt er bereits in seinem neuen Bett.

Die Inde ist ein 54 Kilometer langer Nebenfluss der Rur. Sie entspringt bei Raeren in Ostbelgien, überquert dann die Grenze nach Deutschland und mündet schließlich bei Kirchberg/Jülich in die Rur. Ursprünglich verlief sie durch das heutige Tagebaugebiet Inden. 1996 wurde im Rahmen der Wiedernutzbarmachung von bereits abgebaggertem Tagebaugelände damit begonnen, ein neues Flussbett für die Inde unter besonderen ökologischen Gesichtspunkten zu gestalten: Sie soll sich zukünftig eigendynamisch innerhalb der 300 Meter breiten Gewässeraue weiterentwickeln. Die vollständige Flutung des neuen Bettes fand am 2. September 2005 statt.

Unmittelbar hinter der **Indebrücke** kommen wir an eine **Gabelung;** wir halten uns rechts, radeln einen kurzen **Anstieg** hinauf und biegen nach einer scharfen **Linkskurve** rechts ab auf einen **Parkplatz.** Hier beginnt ein **geschotterter Wirtschaftsweg,** der direkt an der **Inde** entlang verläuft. Schon nach wenigen Metern auf dem Schotterweg entdecken wir einen **Pfeilwegweiser** des **Radverkehrsnetzes NRW.** Diese **roten Pfeile auf weißem Grund** weisen uns ab hier hervorragend den Weg. Zunächst befinden wir uns recht hoch über der Inde, an der Baggerkante des ehemaligen Tagebaus. Nach einigen Hundert Metern leitet uns dann aber einer der **Wegweiser** nach rechts hangabwärts. Wir gelangen fast direkt ans **Ufer der Inde,** an der wir weiter entlangradeln. Dieser Abschnitt des Weges ist recht grob geschottert, mit einem handelsüblichen Tourenrad aber gut zu befahren. Auf der anderen Seite des Flusses zeigt sich immer wieder der **Tagebau Inden.**

An der Rur

Der Tagebau Inden ist im Besitz der RWE Power AG zur Gewinnung von Braunkohle und liegt im Rheinischen Braunkohlerevier zwischen den Städten Eschweiler und Jülich. Die Jahresförderung beträgt 23 Millionen Tonnen Braunkohle und dient zur Versorgung des Kraftwerks Weisweiler. Die Kohleflöze sind je 15 bis 70 Meter mächtig. Der Tagebau Inden bewegt sich ostwärts, das heißt, dass am Ostrand des Tagebaus die Schichten über der Kohle mit Schaufelradbaggern abgetragen werden, bis die Kohle frei liegt. Diese Bagger sehen wir auf der gegenüberliegenden Seite des Tagebaus. Der Abraum, der dabei anfällt, wird an der direkt vor uns befindlichen Seite des Tagebaus mit Absetzern wieder aufgeschüttet und zur Landschaft rekultiviert. Voraussichtlich 2035 ist dieser Tagebau ausgekohlt. Der großflächige Abbau machte es notwendig, dass einige Ortschaften komplett aufgegeben und die Bewohner umgesiedelt werden mussten. Einige neu gegründete Orte tragen Namen der alten Dörfer. So ist die Schreibweise Inden/Altdorf mit Schrägstrich in Deutschland einmalig und soll die gleichwertige Stellung verdeutlichen.

KULTUR TOUR 02

Tagebau Inden mit Kraftwerk Weisweiler und Ableger

Wir passieren ein am anderen Ufer der Inde gelegenes **Kieswerk,** in dem der Abraum aus dem Tagebau in verschiedene Qualitäten von Kies und Sand sortiert wird, und unterqueren zwei **Förderbänder,** welche die Braunkohle direkt nach dem Abbau zum Kraftwerk Weisweiler transportieren. Kurz darauf müssen wir einen **Anstieg** hinauf. Er ist aber glücklicherweise sehr kurz. Am Ende wenden wir uns **scharf nach rechts.** Wir befinden uns nun wieder auf Höhe der ursprünglichen Landschaft und radeln geradeaus an der Baggerkante entlang. Kurze Zeit später erreichen wir die **Gedächtniskapelle Kirchspiel Lohn.** Hier können wir auf zwei **Bänken** rasten und haben einen hervorragenden **Ausblick** ins Tagebaugebiet.

Lohn war ein Stadtteil Eschweilers, der dem Braunkohletagebau Inden weichen musste; von 1962 bis 1983 wurden die rund 690 Einwohner umgesiedelt, in erster Linie ins westlich gelegene Neu-Lohn. Dann erfolgte der Abriss des Ortes. Zum ersten Mal gesichert erwähnt wird Lohn im Jahr 1226 als Lon im Rurgau, zu dem auch Eschweiler gehörte. Die heutige Kapelle steht genau an der Stelle, wo einst die Kirche von Lohn, der „Dom des Jülicher Landes", gestanden hat. Am 25. Mai 2003 erfolgte die feierliche Einsegnung der Kapelle.

Die **roten Pfeile** des Radverkehrsnetzes NRW weisen uns nun den Weg in das Hinterland von Inde und Tagebau. Über **Felder** geht es im **Zickzack** bis nach **Fronhoven**. Wir fahren geradeaus in den Ort hinein und biegen an einer **T-Kreuzung** nach rechts ab, wo sich direkt am Wegesrand der **Landgasthof Rinkens** befindet. Hier können wir bei gutem Wetter im Biergarten sitzen und die Deutsche Küche des Hauses genießen. Gegenüber dem Gasthof kommen wir an die **Aldenhovener Straße,** überqueren diese an einer Querungshilfe mit **Verkehrsinsel** und wenden uns auf dem **Radweg** auf der anderen Seite der Landstraße nach rechts. Schon nach wenigen Metern lenkt uns ein **Wegweiser** nach links auf einen **unbefestigten Wirtschaftsweg**. Diesem werden wir nun für einige Kilometer folgen, immer an einem **Waldrand** entlang. Rechts von uns erstrecken sich die Felder der **Jülicher Börde**.

Die Jülicher Börde ist eine weitgehend flache, ertragreiche Landschaft um die Stadt Jülich herum. Ursprünglich war die Gegend mit einem dichten Eichen- und Hainbuchenwald bewachsen. Die Römer begannen mit ersten Rodungen in dem Gebiet, das in den folgenden zwei Jahrtausenden seine heutige Gestalt als agrarisch genutzte Kulturlandschaft erhielt.

Hinter dem **Waldstreifen** zur Linken verbirgt sich der **Blausteinsee**. Leider bekommen wir ihn nicht zu Gesicht, weil er auf dieser Uferseite Naturschutzgebiet und daher nicht zugänglich ist. Wir fahren weiter auf dem unbefestigten **Wirtschaftsweg** am **Waldrand** entlang. Nach einigen Kilometern gelangen wir auf **asphaltierten Untergrund;** hier fahren wir an einer **Kreuzung** geradeaus weiter. Schon nach wenigen Metern endet der Asphalt wieder, und es geht weiter auf einem unbefestigten, aber gut zu fahrenden **Wirtschaftsweg**. Bald radeln wir in den kleinen **Ort Niedermerz** hinein und entdecken am **Ortseingang** ein Schild des Radverkehrsnetzes NRW in **Richtung Aldenhoven/Jülich**. Wir folgen den **Wegweisern** geradeaus durch den Ort. Kurz hinter Niedermerz macht unser Weg eine **Biegung** nach rechts, und wir queren auf einer **Brücke** erneut die **Aldenhovener Straße**. Wir radeln weiter an **Feldern** entlang auf das in der Ferne sichtbare **Kraftwerk Weisweiler** zu, bis wir an eine **T-Kreuzung** kommen. Achtung: Hier ist ausnahmsweise die **Beschilderung nicht eindeutig!** Wir biegen zweimal kurz hintereinander links ab.

Nach einiger Zeit schwenken wir an einem **Pfeilwegweiser** scharf nach links in den **Ort Aldenhoven**. An der **zweiten Kreuzung** im Ort führt uns ein **Wegweiser** nach rechts in den **Römerpark** hinein. **2** Römerpark; 22 km

Falls wir in Aldenhoven einkehren möchten, fahren wir geradeaus auf der **Straße Auf der Komm**. Diese wird zur **Dietrich-Mülfahrt-Straße** und endet an einer **Kirche**. Wir biegen rechts ab, und nach wenigen Metern finden wir verschiedene **Möglichkeiten zur Einkehr**. An der **Dietrich-Mülfahrt-Straße** finden wir auch auf der linken Seite die beschilderte Einfahrt zum **Museum Bergmannshaus**.

Auf dem Gebiet der Gemeinde Aldenhoven wurde sowohl Braun- als auch Steinkohle abgebaut. Die Ortsteile Obermerz, Pattern und Langweiler wurden für den Braunkohletagebau Zukunft abgebaggert. Von 1952 bis 1992 war der Hauptarbeitgeber der Aldenhovener die Steinkohlezeche Emil Mayrisch. Kurz nach der Zechenstilllegung wurde auch das benachbarte Steinkohlekraftwerk stillgelegt und abgebrochen. Damit war die Grube eine der letzten des Aachener Steinkohlereviers. Die Geschichte des hiesigen Bergbaus können wir im Museum Bergmannshaus lebendig nachvollziehen. (Für einen Besuch empfiehlt sich aufgrund der begrenzten Öffnungszeiten des Museums eine vorherige telefonische Anmeldung.)

Wir fahren zurück aus dem Ort bis zu der Stelle, wo ein Wegweiser uns in den **Römerpark** führt. Im Park können die Kinder an einem tollen **Wasserspielplatz** plantschen und die Erwachsenen sich etwas vom Radeln erholen. Der weitere Weg verläuft im Park nach rechts. Auf einer **Brücke** queren wir den **Merzbach**. Danach führt uns die **Wegweisung** gleich wieder nach links und dann einen kurzen **Anstieg hinauf** aus dem Römerpark hinaus. Am Ausgang des Parks können wir ein **Schwungrad** der stillgelegten Zeche Emil Mayrisch I bestaunen. Direkt gegenüber dem Schwungrad leitet uns ein **Wegweiser** zum **Grünzug** hin (weißes Schild, Beschriftung *Grünzug*, Motiv einer Lokomotive). Der

Das Bergbaumuseum in Aldenhoven

Grünzug ist ein ausgezeichneter **Radweg** auf einer ehemaligen Bahnlinie, der uns wieder an den neuen Verlauf der Inde heranführt. Zunächst radeln wir durch die **Randbebauung von Aldenhoven,** dann über **Felder** hinweg und erreichen einen **Aussichtsturm.** Von diesem haben wir einen hervorragenden Rundblick über das gesamte Indeland. Wir befinden uns nun genau gegenüber vom Indemann, den wir auf der anderen Seite des Tagebaus sehen können.

Weiter geht es an neu eingerichteten **Picknickplätzen** vorbei geradeaus auf den Tagebau und die Inde zu. Ein **weiterer Aussichtsturm** in Form eines Schaufelradbaggers lädt erneut zum Verweilen ein. Kurz darauf erreichen wir die **Inde** und fahren nach links, immer am Fluss entlang. Die Inde hat hier ein sehr schönes, natürlich anmutendes Tal erhalten, das wir vom Radweg aus gut überblicken können. Dass dieses Flusstal erst wenige Jahre alt ist, fällt schon fast nicht mehr auf. Nach einiger Zeit verlassen wir das Ufer der Inde und folgen den **roten Pfeilen** des Radverkehrsnetzes NRW in ein **Tal** hinab. Auf dem gegenüberliegenden Anstieg liegt das Dorf Kirchberg, das sich am Rand des Tagebaugebietes befindet und somit von einer Umsiedlung verschont blieb. Wir biegen in einer **Talsenke** nach links ab und radeln weiter **bergab**. An einer **T-Kreuzung** biegen wir erneut links ab und rollen weiter **talwärts**. Der **geteerte Wirtschaftsweg** endet an einer **Landstraße**. Diese **überqueren** wir und fahren **geradeaus** entlang einer ehemaligen **Bahntrasse** weiter. Auf einer zur **Fahrradbrücke** umfunktionierten Eisenbahnbrücke überqueren wir die Rur und finden einen **Wegweiser** in **Richtung Jülich-Bahnhof**. An ausgemusterten **Bahnwaggons** vorbei geht es nun verkehrsberuhigt geradeaus weiter, auf einer für den Autoverkehr gesperrten Straße. An einer **scharfen Rechtskurve** weist uns ein Wegweiser **Richtung Bahnhof** nach links auf einen **geschotterten Weg.** **3** Wegweiser Richtung Bahnhof; 32 km

Hier kann die Route abgekürzt werden: Dafür folgen wir dem Wegweiser des Radverkehrsnetzes NRW bis zum Bahnhof in Jülich; von dort können wir mit der Rurtalbahn nach Düren fahren und von dort zurück zum Ausgangspunkt, dem Bahnhof Langerwehe, gelangen.

Um der Route weiter zu folgen, halten wir uns aber **geradeaus**, queren die **Gleise der Rurtalbahn** und biegen vor einem **Werkstor rechts** ab auf einen **Schotterweg**. Dieser endet an einer **Landstraße**, die wir **überqueren**; auf der anderen Seite der Straße radeln wir nach rechts in **Richtung Düren**. In einer geschwungenen **Rechtskurve** biegen wir nach links in die **Leo-Brandt-Straße** ein. Nach wenigen Metern verlassen wir diese nach rechts auf einen **Radweg**, der durch **Wald** und an **Gärten** vorbei verläuft. Der Radweg mündet wieder auf die **Leo-Brandt-Straße**, der wir nach rechts auf dem **Radweg** neben der Straße folgen. An der nächsten **Kreuzung** biegen wir rechts ab in die **Wilhelm-Johnen-Straße**, folgen dieser bis zum Ende und biegen links ab. Wir kommen an eine große, stark befahrene **Kreuzung**, die wir geradeaus überqueren. Nun fahren wir in den Jülicher **Ortsteil Altenberg** hinein. Gleich am Anfang des Ortes schwenkt die Straße nach links, wir biegen aber **nach rechts** ab, wohin uns ein **Wegweiser** des Radverkehrsnetzes NRW in **Richtung Düren** lotst. Wir überqueren eine **Brücke,** biegen gleich dahinter links ab und befinden uns nun auf einem kleinen **geschotterten Weg,** der uns durch **Pferdeweiden** zur Rur hinführt. Ab hier radeln wir immer an der **Rur** entlang.

An einer Brücke steht ein **Wegweiser** in **Richtung Niederzier;** hier verlassen wir den Radweg am Rurufer und schieben den kurzen, steilen **Anstieg zur Straße hinauf.** (Folgen wir an dieser Stelle dem gut ausgeschilderten RurUferRadweg bis Düren, so stoßen wir nach ca. 15 Kilometern auf die Tour N 03.) Oben angekommen wenden wir uns nach rechts, **über die Rur,** und radeln auf dem **Radweg** eine **Landstraße** entlang. An einem **Kreisverkehr** fahren wir weiter geradeaus in **Richtung Pier.** Es geht leicht bergan bis zu einer T-Kreuzung an einem Friedhof. Hier befinden wir uns bereits in **Pier.** **4 Pier; 41 km**

Die Ortschaft Pier wurde erstmals im 14. Jahrhundert urkundlich erwähnt. Sie wird die letzte sein, die dem Tagebau Inden weichen muss und deren Bewohner umgesiedelt werden. Heute (2010) ist Pier bereits ein Geisterdorf. Nur noch wenige Häuser des einstmals lebendigen Dorfes sind bewohnt. Zum Schutz gegen Plünderer sind die Rollläden heruntergelassen. Pier wird als Ortsteil von Langerwehe mit dem Namen Neu-Pier weiterbestehen. 2006 sind dort die ersten Familien eingezogen.

An der bereits erwähnten **T-Kreuzung** am **Friedhof** in Pier biegen wir rechts und gleich wieder links ab. Ein **asphaltierter Wirtschaftsweg** trägt uns aus dem Ort hinaus. **Leicht bergan** fahren wir geradeaus auf **Lucherberg** zu. In der Siedlung Lucherberg fahren wir an der **ersten Kreuzung** geradeaus weiter und gelangen an die **Hauptverkehrsstraße** des Ortes. Hier biegen wir links ab und kommen wieder an den **Anstieg,** den wir bereits am Anfang der Runde am Lucherberger See vorbei hinaufgeradelt sind. Diesmal dürfen wir den Berg hinunterrollen und fahren dann auf der eingangs beschriebenen Strecke bis zum **Bahnhof** in **Langerwehe** zurück.

KULTUR TOUR 03

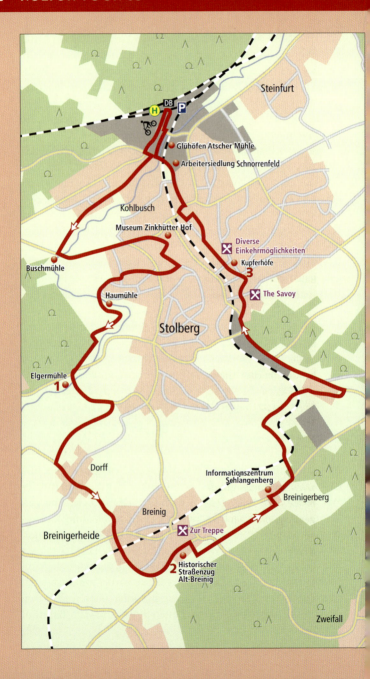

An Inde und Vichtbach durch Stolberg und das Münsterländchen
Eine Reise durch die Geschichte der Industrialisierung

Auf dieser Tour erleben wir einige Orte, an denen eine der ersten Industrieregionen Europas ihren Ursprung hat. Wir fahren an Mühlen und Kupferhöfen vorbei, erradeln zwei wunderschöne historische Ortskerne und erkunden die Täler zweier Bäche. Unterwegs erfahren wir viel Wissenswertes über das Stolberger Gold, seine Herstellung und Geschichte. Gegen Ende der Radtour haben wir die Möglichkeit, zu einer märchenhaften Burg hinaufzusteigen.

Start und Ziel: Hauptbahnhof Stolberg
Pkw: A 544 Richtung Europaplatz, Abfahrt Würselen; L 23 Richtung Verlautenheide/Stolberg; L 236 rechts ab in Rhenaniastraße; Bahnhof und Parkplätze am Ende der Straße
ÖPNV: RE 1 bzw. RE 9 von Köln oder Aachen; RB 20 von Aachen
Strecke: Rundtour; ca. 30 Kilometer/4 Stunden
Streckenprofil: Vorwiegend auf ruhigen, verkehrsarmen Wegen, im Innenstadtbereich der Stadt Stolberg auch ein Stück direkt an der Straße entlang. Einige Steigungen, die aber alle mit einer handelsüblichen Gangschaltung gut zu bewältigen sind
Einkehr: Restaurant Zur Treppe, Alt-Breinig 59, 52223 Stolberg, Tel. (0 24 02) 3 08 81; The Savoy, Alter Markt 2, 52222 Stolberg, Tel. (0 24 02) 8 42 78; diverse Einkehrmöglichkeiten in der Innenstadt von Stolberg
Am Wegesrand: Messingöfen; Buschmühle; Museum Zinkhütter Hof, Cockerillstraße 90, 52222 Stolberg, Tel. (0 24 02) 90 31 30, www.zinkhuetterhof.de (Mo geschl.); Haumühle; Elgermühle; historischer Straßenzug Alt-Breinig; Informationszentrum Schlangenberg, Breiniger Berg, 52222 Stolberg, Tel. (0 24 03) 3 03 32, www.nrw-stiftung.de; Stolberger Altstadt mit Burg Stolberg; Kupferhöfe; Arbeitersiedlung Schnorrenfeld
Fahrradservice: Zweirad Koll, Bierweiderstraße 25–27, 52222 Stolberg, Tel. (0 24 02) 2 20 41

KULTUR TOUR 03

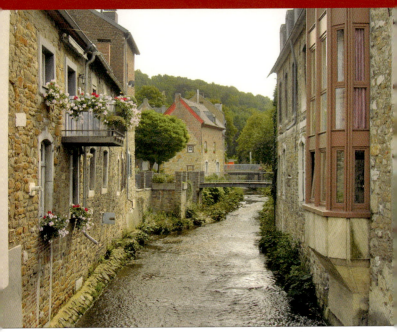

Der Vichtbach fließt mitten durch die Stolberger Altstadt

Wir beginnen unsere Rundtour vor dem **Bahnhofsgebäude** von Stolberg auf dem **Gustav-Wassilkowitsch-Platz** und folgen einem **Wegweiser** in **Richtung Stolberg.**

Die Stadt erhielt ihren Namen von der Burg Stolberg. Stolbergs Beiname Kupferstadt *weist auf eine lange Tradition metallverarbeitender Industrie hin. Ergiebige Galmei-Felder (Galmei = oxidiertes Zinkerz), Steinkohlevorkommen, dichte Wälder zur Erzeugung von Holzkohle und die Wasserkraft von Vicht- und Münsterbach machten das Stolberger Tal in der zweiten Hälfte des 16. Jahrhunderts zu einem wichtigen Gewerbestandort. Bereits im 13. Jahrhundert waren hier zahlreiche Eisenwerke entstanden. Es folgten ab 1570 Hammerwerke und Kupferhöfe. Einige Kupferhöfe sind bis heute erhalten und werden im Verlauf der Tour von uns angefahren.*

Nach wenigen Metern entdecken wir links der Straße einen ersten Zeugen der industriellen Vergangenheit Stolbergs: *P. Peters*

Fabrik feuerfester Produkte. Wir fahren geradeaus weiter bis an eine **Gabelung,** an der wir nach links in die **Münsterbachstraße** abbiegen. Kurz vor einem **Bahnübergang** biegen wir rechts ab in einen **geteerten Weg,** der uns in den **Berthold-Wolff-Park** führt. Im Park sehen wir auf der rechten Seite des Weges **zwei restaurierte Messingöfen.**

Die Glühöfen im Berthold-Wolff-Park sind Überreste einer Mühle. Bereits um 1500 hat an dieser Stelle ein Pumpenhaus gestanden, das dann 1784 zur Kupfermühle umfunktioniert und 1810 zur Walz-, Draht-, und Latschenmühle ausgebaut wurde. In den im Jahr 1980 restaurierten Öfen wurde Messing hergestellt, das zu Schmuck, Draht und anderen Gebrauchsgegenständen weiterverarbeitet wurde.

Nach Besichtigung der Messingöfen fahren wir **geradeaus** weiter in den **Park** hinein. An **drei Gabelungen** im Park halten wir uns jeweils links und gelangen am **Atscher Weiher** entlang wieder an eine Straße. Wir wenden uns nach links und radeln auf dem **Radweg** bis an eine **Ampel.** An dieser überqueren wir die **Straße geradeaus** und fahren halb links neben einem **Parkplatz** in die **Hammstraße** hinein. Ein Schild des **Radverkehrsnetzes NRW** weist uns den Weg in **Richtung Knotenpunkt (= KP) 98.** Wir folgen der **Hammstraße** geradeaus an einem **Waldrand** entlang und gelangen an einen rechts der Straße gelegenen **Friedhof,** an dem wir nach links in einen **geteerten Weg** einbiegen. An einer **Schranke** fahren wir geradeaus auf einem **geschotterten Weg** weiter. Nach einiger Zeit taucht links des Weges eine **Schrebergartenkolonie** auf, und wir erreichen daran entlang radelnd die **Straße Buschmühle.**

Die Buschmühle war eine von Dutzenden Mühlen auf Stolberger Stadtgebiet. Viele Straßennamen erinnern heute noch an diese Zeit: Buschmühle, An Kurths Mühle, Bocksmühle, um nur einige zu nennen. Die Wasserkraft betrieb die Blasebälge der Messingöfen und die Hammerwerke. Die Buschmühle ist eine ehemalige Kupfer- bzw. Messingmühle. Sie wurde kurz nach dem Dreißigjährigen Krieg als Doppelhofanlage errichtet. Von den ursprünglichen Gebäuden existiert heute nur noch das alte Herrenhaus mit der Hausnummer 8.

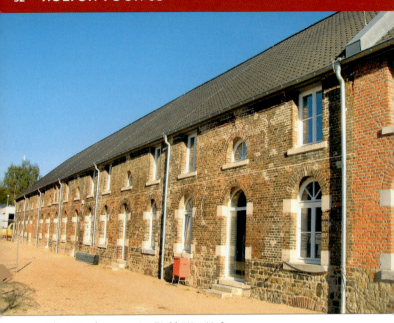

Arbeiterwohnungen im Zinkhütter Hof

Wir biegen links ab, überqueren die **Inde** und fahren auf dem **Radweg** links der Straße geradeaus einen **Anstieg** hinauf; die Straße Buschmühle wird zur **Cockerillstraße** und führt uns in den Stolberger **Stadtteil Münsterbusch**. An einer **Verkehrsinsel** queren wir die **Cockerillstraße** und fahren auf der anderen Straßenseite in die **Straße Am langen Hein**. An einer **T-Kreuzung** biegen wir links ab und folgen weiterhin der Straße Am langen Hein bis an eine **weitere T-Kreuzung**. Hier biegen wir links ab, radeln bis zu einer Ampel und wenden uns dort nach rechts. Am Schild in **Richtung Dienstleistungszentrum** (DLZ) verlassen wir die Straße nach links, fahren über den Parkplatz und an dessen Ende nach links über eine **Wiese**. Dort beginnt ein kleiner **gepflasterten Weg,** der uns an einem Hang entlang hinab auf den **Parkplatz** des **Industriemuseums Zinkhütter Hof** führt. Wir fahren rechts und gleich links und gelangen auf den **Innenhof** des Museums. Zur Rechten sehen wir die ehemaligen **Arbeiterwohnungen,** und auf der linken Seite des Innenhofs befindet sich das **Museum.**

Das Museum Zinkhütter Hof ist in einem Fabrikgebäude aus den 30er-Jahren des 19. Jahrhunderts untergebracht, das als Glashütte errichtet wurde. Die Glasbläser waren damals bevorzugte Facharbeiter und erhielten kleine Häuser gegenüber dem Fabrikgebäude. Nur selten findet man heutzutage ähnlich gut erhaltene Gebäudeensembles aus der Frühphase der Industrialisierung mit Produktionshalle, Arbeiterwohnungen und Verwaltungsvilla. In der zweiten Hälfte des 19. Jahrhunderts wurde die Glasproduktion hier eingestellt.

Unsere Route führt über den **gepflasterten Innenhof** am linker Hand gelegenen Museum vorbei an eine **Straße.** Hier biegen wir rechts ab, radeln eine **leichte Steigung** hinauf und gelangen an eine **Kreuzung.** Wir wenden uns nach rechts auf die **Straße An der Kellerschmiede.** Dieser folgen wir geradeaus, bis auf der rechten Seite die **Straße Zur alten Glashütte** abzweigt; nur wenige Meter nach diesem Abzweig biegen wir auf der **gegenüberliegenden Straßenseite** ab in einen **Radweg.** Er ist schlecht asphaltiert, wird an einem **Sportplatz** zum **geschotterten Weg** und führt uns hinauf auf die **Böschung** des **Glashütter Weihers.** Wir fahren am Weiher entlang, folgen einem **Rechtsknick** des Weges und treffen auf die **Straße Schafberg,** der wir geradeaus, am **Schwimmbad** links des Weges vorbei bis an eine **T-Kreuzung** folgen, wo wir rechts abbiegen. An der f**olgenden Ampel** biegen wir nach wenigen Metern links auf die **Prämienstraße** ab. An einem scharfen **Rechtsknick** verlassen wir die Prämienstraße nach links auf die **Bachstraße,** auf der wir bleiben, bis sie im **Tal** an einer **T-Kreuzung** endet. Hier lenkt uns ein **Wegweiser** des Verkehrsnetzes NRW in **Richtung KP 98** nach rechts, und wir kommen zur **Haumühle.**

Die Haumühle ist eine 1647 entstandene Mühlenanlage, die in ihrer Blütezeit zu Anfang des 19. Jahrhunderts aus zwei Hammerwerken zur Weiterverarbeitung von Plattenmessing bestand. Später war sie Standort für die Textilproduktion, heute wird sie von mehreren kleineren Gewerbebetrieben genutzt.

Nach der **Überquerung der Inde** geht es nach links weiter auf einem **geteerten Sträßchen.** Der Weg verläuft im **Tal der Inde** an

Historischer Straßenzug Alt-Breinig

Obstwiesen vorbei, und nach einem **Linksknick** des Weges passieren wir eine **kleine Ansiedlung,** an der früher eine weitere Kupfermühle, die Bocksmühle, gestanden hat. Hier biegen wir nicht links ab, sondern fahren **weiter geradeaus** bis an eine **verkehrsreiche Kreuzung** mit einer Landstraße. Diese überqueren wir geradeaus und radeln auf dem **Radweg** an der linken Seite der **Obersteinstraße** bergauf in Richtung der **Wegweiser** zum **KP 98**. Rechts der Straße liegt der gut erhaltene **Hof Elgermühle**.

1 Hof Elgermühle; 8,5 km

Wir fahren in den Stolberger **Stadtteil Büsbach** hinein und queren an einer **Verkehrsinsel** die Straße. Direkt auf der **anderen Straßenseite** biegen wir in die **Straße Im Priesterland** ab. Diese bringt uns einen **Anstieg** hinauf an einem **Bauernhof** vorbei, durch **Felder** und **Wiesen** immer geradeaus, bis wir eine **T-Kreuzung** erreichen. Hier lenkt uns ein weiterer Wegweiser nach links in **Richtung KP 98**. Wir fahren in den **Stadtteil Dorff** hinein, durchqueren den **Ortskern** und fahren geradeaus aus Dorff hinaus. Links der Straße ist nun der **KP 98** markiert; wir radeln geradeaus weiter in den **Stadtteil Breinig** hinein. An einer **Am-**

pel überqueren wir eine **Kreuzung** und fahren weiter geradeaus, bis fast ans Ende des Ortes. Kurz vor dem **Ortsausgangsschild** biegen wir nach links ab in die **Straße Alt-Breinig.** Hier beginnt der historische Straßenzug Alt-Breinig. **2 Alt-Breinig; 14 km**

Typisch für das Straßendorf Alt-Breinig sind giebelständige Bruchsteinbauten aus Blaustein, die meist durch Quergebäude im Rückraum ergänzt werden. Seit 1980 sind rund 90 Bauten des denkmalgeschützten Straßenzuges detailgetreu saniert worden.

Wir folgen der **Straße Alt-Breinig** durch das historische Gebäudeensemble. An einer **Kreuzung** können wir rechts der Straße im **Restaurant Zur Treppe** eine Stärkung zu uns nehmen und fahren danach geradeaus an der linker Hand gelegenen **Pfarrkirche St. Barbara** vorbei. Wenige Meter weiter biegen wir rechts in die **Gasse Schomet** ab. Auf einem **geteerten Wirtschaftsweg** rollen wir nun bis an eine **Kreuzung,** biegen links ab und radeln auf einem **geschotterten Weg** bis zu einer **weiteren Kreuzung.** Wir überqueren eine **Landstraße** und kommen auf der gegenüberliegenden Seite erneut auf einen **geteerten Wirtschaftsweg,** dem wir durch die **Wiesen** des idyllischen Münsterländchens bergab folgen bis an eine **T-Kreuzung** in einem **Wohngebiet.** Wir biegen links ab, erreichen eine **weitere T-Kreuzung** und wenden uns nach links, einen **Berg** hinauf. Schon nach wenigen Pedalumdrehungen gelangen wir an das rechts der Straße gelegene **Informationszentrum Schlangenberg.**

Ist ein Schwermetallrasen umweltschädlich? Was für ein Gestein ist der Galmei? Das sind Fragen, auf die wir im Informationszentrum eine Antwort erhalten. Neben zahlreichen Exponaten hat der Eifel- und Heimatverein Breinig eine Fülle an Informationen aufbereitet. Besucher lernen die Schmetterlingsvielfalt im Naturschutzgebiet Schlangenberg ebenso kennen wie die Flusslandschaft der Inde.

Neben dem Informationszentrum befindet sich eine **Bushaltestelle,** an der wir nach rechts in einen Weg abbiegen. Dieser führt uns zu einer **querenden Straße,** die wir nach rechts einen **Berg** hinabrollen. Über eine **Kreuzung** fahren wir geradeaus hinweg

Der 276 Meter hohe Schlangenberg

und biegen an der **folgenden Gabelung** links ab in die **Straße Rüst**. An einem **Sportplatz** vorbei geht es nun **bergab** ins Tal. Den ersten Abzweig unter eine Bahnlinie ignorieren wir, am **zweiten Abzweig** müssen wir nach links, unter der **Bahnlinie** hindurch. Hinter der Unterführung endet der Asphalt, und wir fahren mitten ins **Schotterwerk** der Firma BSR hinein. Zwischen links gelegenem Schotterwerk und rechts liegenden **Schotterhaufen** durchqueren wir das Gelände und biegen vor einem **Anstieg** rechts ab, radeln an der **LKW-Waage** des Werks vorbei, treffen auf die Fortsetzung der nun wieder geteerten **Straße Rüst** und rollen bis an eine **T-Kreuzung.** Hier biegen wir rechts ab und gelangen an die **Zweifaller Straße,** biegen links ab und fahren in **Richtung KP 91** auf dem **Radweg** links der Straße an **Fabrikgebäuden** vorbei. Am **Abzweig Finkensiefstraße** wechseln wir die Straßenseite. Hier befinden sich zwei maßgebliche Protagonisten der Stolberger Industriegeschichte: links die **Fabrik von Prym** (Nadeln) und rechts die **Dalli-Werke** (Waschmittel).

An Inde und Vichtbach durch Stolberg und das Münsterländchen 37

Wir fahren auf der **Zweifaller Straße** weiter. An einer **Gabelung** führt die Hauptstraße nach links in einen Tunnel, wir halten uns **rechts**. An einem **Parkplatz** biegen wir rechts ab in die **Straße In der Schart** und überqueren den **Vichtbach**. Das Gebäude rechts direkt am Bach ist der **ehemalige Kupferhof Schart**. Wir biegen links ab und befinden uns nun bereits auf dem Kopfsteinpflaster der **Altstadt** rund um die **Burg Stolberg**. Die **Straße In der Schart** wird zur engen Altstadtgasse, auf der wir durch eine **Toreinfahrt** auf die **Burgstraße** gelangen. Hier radeln wir ein Stück nach rechts bergauf und erreichen den **Alten Markt**.

An der Burgstraße befinden sich zwei weitere Kupferhöfe. Das Haus mit der Nummer 21 gehört zum ältesten Kupferhof Stolbergs, der 1575 erbaut wurde; es war das Herrenhaus des Hofes, ab 1750 wurde es als Apotheke genutzt. Noch zentraler liegt der Kupferhof Am alten Markt. Er ist heute ein Kunsthof, beherbergt Ateliers verschiedener Künstler und ist frei zugänglich. Über der Altstadt thront die 1100 erbaute Burg Stolberg, die heute ein Heimat- und Handwerksmuseum beherbergt.

Es lohnt sich, das Rad stehen zu lassen und Burg und Altstadt zu Fuß zu erkunden. Nachdem wir uns hier ein wenig umgeschaut haben, fahren wir dann auf der **Burgstraße** bergab zurück und biegen nach rechts ab in die **Klatterstraße**. Nun wird es eng, die Gasse ist zum Teil nur etwa zwei Meter breit. An alten **Häusern aus Blaustein** vorbei fahren wir durch den vielleicht reizvollsten Teil der Altstadt zunächst bis an eine **Gabelung**. Hier nehmen wir den **Abzweig** nach links in die **Enkereistraße** und queren in deren Verlauf den **Vichtbach**. Wenige Meter weiter führt eine **weitere Brücke** nach rechts in den **Kupferhof Sonnental**, der heute als Wohnanlage genutzt wird. Wir biegen an dieser zweiten Brücke links ab, gelangen an die **Grüntalstraße** und folgen ihr nach rechts. Wir kommen an den Kaiserplatz, den wir im Bogen auf der **Grüntalstraße** umfahren. An einer **Ampel** biegen wir rechts ab in die **Rathausstraße** und an der **nächsten Ampel** gleich wieder rechts in die **Steinfeldstraße**. Wir radeln ein Stück bergauf und entdecken **zwei weitere Kupferhöfe**.

3 Kupferhöfe; 21 km

Auf der rechten Seite der Steinfeldstraße liegt der Eingang zum Kupferhof Grünenthal. Durch das gusseiserne Tor können wir die dreiflügelige Hofanlage mit zwei Turmtrakten erkennen. Hier befand sich ursprünglich eine Galmei- und Kupfermühle. Seit 1946 ist sie Sitz des Pharma-Unternehmens Grünenthal. Die Steinfeldstraße ein wenig weiter hinauf entdecken wir auf der linken Seite einen kleinen Turm mit anschließendem Bruchsteingebäude. Es sind Restbauten des 1679 erbauten Kupferhofes Steinfeld.

Wir radeln die **Steinfeldstraße** bergab zurück bis zur **Ampel** und biegen rechts ab. Linker Hand, von der Straße etwas abgesetzt, entdecken wir den prächtigen **Kupferhof Rosental**. Wir fahren weiter geradeaus auf der **Rathausstraße**, folgen der Beschilderung in **Richtung Ring** und biegen links ab auf den **Mühlener Ring**. Schon kurz nachdem wir abgebogen sind, fahren wir nach rechts in die **Dammgasse** hinein, folgen dieser bis zu einer **Kreuzung**, halten uns geradeaus, folgen einem **Rechtsknick** der Straße und gelangen an den **gepflasterten Mühlener Markt**. An der Einmündung zum Mühlener Markt finden wir auf der linken Seite die **Roderburgmühle**.

Die Hofanlage der Roderburger Galmeimühle wurde 1615 errichtet. Sie bestand aus der Galmeimühle, einer Messingschmelze und einem Herrenhaus. Hier, in der Talaue Mühle, gab es neben dem Vichtbach zahlreiche Teiche und Kanäle als Energiereservoire und Antriebsgewässer.

Wir queren den **Mühlener Markt** und biegen links ab. Nach wenigen Metern biegen wir ein weiteres Mal links ab und folgen einer **Einbahnstraße** zum rechts gelegenen **Kupferhof Stöck**.

Das Eingangstor des 1726 errichteten Kupferhofes Stöck zeigt eine Wappendarstellung des Erbauerehepaares Peltzer-Prym. Direkt oberhalb des prächtigen Eingangsportals zum Herrenhaus ist ein ovales, von Blausteinblöcken umrahmtes Fenster zu sehen. Diese Art Fenster wird Ochsenauge genannt. Es war als Oberlicht von Zugangstüren gebräuchlich und ist ein landschaftstypisches Stilelement der Kupfermeister-Architektur.

An Inde und Vichtbach durch Stolberg und das Münsterländchen

Wir fahren weiter bis an eine **T-Kreuzung** und biegen rechts ab. Bereits nach wenigen Metern nutzen wir die **Abbiegespur,** um nach links in die Einfahrt des **Kupferhofes Weide** einzubiegen. Zur Weiterfahrt radeln wir auf der Einfahrt zurück zur Straße und fahren nach links weiter auf dem **Bürgersteig**. Schon nach wenigen Metern biegen wir wieder links ab in die **Eisenbahnstraße**. Wir bleiben auch hier auf der linken Seite der Straße und können nach ca. 100 Metern einen Blick auf die wunderschöne Anlage des **Untersten Hofes** werfen.

Dieser Kupferhof stammt aus dem Jahr 1615. Um die Wende vom 19. zum 20. Jahrhundert wurde der Unterste Hof durch Hinzufügen von Jugendstilelementen und einen neuen Renaissancegiebel umgestaltet. Er ist eine Besonderheit, weil einige seiner Gebäudeteile auch heute noch zu einem Industriebetrieb der Messingverarbeitung gehören.

Wir fahren weiter auf der **Eisenbahnstraße** und können nun den **Radweg** rechts der Straße nutzen. In einer **scharfen Linkskurve** biegen wir rechts ab in die **Straße Schnorrenfeld**. Hier befindet sich eine alte **Arbeitersiedlung.**

Die Doppelhäuser am Schnorrenfeld wurden Ende des 19. Jahrhunderts von der Spiegelmanufaktur Vegla (heute St. Gobain) errichtet. Glasbläser wohnten nahe beim Werk, weil sie beim Erreichen der Schmelztemperatur schnell verfügbar sein mussten. Während die Arbeiter der Glashütten oft zugereiste Facharbeiter waren, stammten die Ofenknechte der Kupferhöfe meist aus den Dörfern der Umgebung und übernachteten am Arbeitsplatz; am Wochenende kehrten sie in ihre Heimatdörfer zurück.

Wir fahren aus der **Sackgasse Schnorrenfeld** heraus und biegen an der **Eisenbahnstraße** rechts ab. An einer **Kreuzung,** die wir am Anfang der Tour bereits überquert haben, biegen wir rechts ab und radeln auf der **Sebastianusstraße** geradeaus in **Richtung Bahnhof**. Wir passieren erneut den **Berthold-Wolff-Park,** er liegt links der Straße, halten uns an einer **Gabelung** links und erreichen unseren **Startpunkt,** den **Bahnhof** in Stolberg.

KULTUR TOUR 04

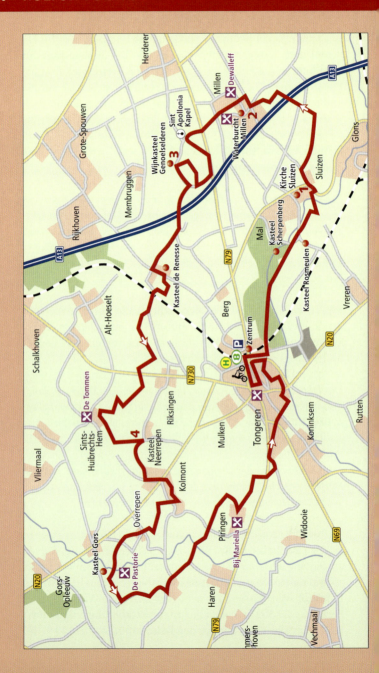

Durch den Haspengau und Tongeren
Römer und Eburonen, mittelalterliche Schlösser und die älteste Stadt Belgiens

Wir fahren von Tongeren aus durch den Haspengau und erleben einige Zeugen der geschichtlichen Vergangenheit, entdecken Burgen und Schlösser, fahren durch Obstgärten, Weiden und Felder und stoßen natürlich auch auf Spuren der Römer. Zum Ende der Tour begeben wir uns auf eine kleine Rundfahrt durch das historische Zentrum Tongerens.

Start und Ziel: Bahnhof Tongeren
Pkw: Autobahnkreuz Aachen auf A 44 Richtung Lüttich (wird in Belgien zur A 3); A 601 Richtung Hasselt/Antwerpen; A 13 bis Abfahrt 32 Tongeren; N 79 Richtung Tongeren; hinter Eisenbahnbrücke rechts auf Stationsplein
ÖPNV: Von Aachen-Hauptbahnhof über Lüttich-Guillemins nach Tongeren-Station
Strecke: Rundtour; ca. 45 Kilometer/5 Stunden
Streckenprofil: Meist autofreie Radwege, hügelig und durchgehend beschildert
Einkehr: Restaurant Hoeve Dewalleff, Tikkelsteeg 13, B-3770 Riemst (Millen) Tel. (00 32) (12) 23 70 89; **Hofcafé Waterburcht Millen,** Kattestraat 22, B-3770 Riemst (Millen), Tel. (00 32) (12) 45 86 42, (Mo geschl., im Winter Mo/Di); **Hotel Brasserie De Tommen,** Tommenstraat 17, B-3730 Sint-Huibrechts-Hern, Tel. (00 32) (12) 45 88 37 (Mo/Di geschl.); **Hotel Restaurant De Pastorie,** Martinusstraat 34, B-3840 Gors-Opleuww, Tel. (00 32) (12) 74 77 94, **Restaurant Bij Mariella,** Piringenstraat 4, B-3700 Piringen, Tel. (00 32) (12) 23 60 50; **diverse Einkehrmöglichkeiten im Zentrum von Tongeren**
Am Wegesrand: Kasteel Scherpenberg, Dreef, B-3700 Tongeren (Nerem); **Kasteel Rosmeulen,** Neremstraat, B-3700 Tongeren (Nerem); **Waterburcht Millen,** Kattestraat 22, B-3770 Riemst (Millen), Tel. (00 32) (12) 45 86 42, www.riemst.be; **Wijnkasteel Genoelselderen; Kasteel de Renesse; Kasteel Neerrepen; Kasteel Gors (nicht zugänglich), Altstadt Tongeren**
Fahrradservice: Waterburcht Millen, Kattestraat 22, B-3770 Riemst (Millen), Tel. (00 32) (12) 45 86 42, www.riemst.be (Verleih)

KULTUR TOUR 04

Wir starten unsere Rad-Reise in die Vergangenheit Tongerens vor dem **Bahnhofsgebäude**. Ein Wegweiser lenkt uns in **Richtung Centrum** auf die **Stationslaan**. An deren Ende biegen wir an einer **Ampel** links ab auf den **Leopoldwal**. Wir fahren auf dem rechts der Straße verlaufenden **Radweg** an der historischen **Stadtmauer** entlang bis zu einem **Stadttor**.

Tongeren gilt als die älteste Stadt Belgiens. Sie wurde 15 v. Chr. unter dem Namen Aduatuca Tungrorum von den Römern genau an dieser Stelle gegründet, weil sie verkehrsgünstig an der Römerstraße Via Belgica von Köln nach Reims lag. Von einer zunächst primitiven Niederlassung (vicus) wandelte sie sich in den folgenden Jahrhunderten zu einer richtigen römischen Stadt (municipium). Im Mittelalter wurde Tongeren zu einer sich selbst schützenden Stadt mit den typischen Elementen damaligen städtischen Lebens: Es entstanden Handwerkerviertel, Handelsviertel und Hospize. Nach der Errichtung der Stadtmauer im 13. Jahrhundert wurde dieses Ensemble um verschiedene Klöster, Pfarrkirchen und einen Beginenhof erweitert. Wir werden auf unserer Tour Zeugen sowohl der römischen Besiedlung als auch des mittelalterlichen Tongeren zu Gesicht bekommen.

Wir folgen der Straße geradeaus und biegen am **nächsten Abzweig** nach links in den **Neremweg** ein, folgen diesem, überqueren das **Flüsschen Jeker** und biegen links ein in **Richtung KP 112**. Wir **unterqueren** eine **Bahnstrecke** und erreichen an einer **Kreuzung** den **KP 112**. Hier biegen wir rechts ab und folgen der Wegweisung in **Richtung KP 114**. Wir fahren auf einer ehemaligen **Bahntrasse** immer geradeaus durch das **Moorgebiet Kevie**, ein schwer zugängliches **Naturschutzgebiet** und Brutplatz zahlreicher Vogelarten. Dabei überqueren wir den **Ezelsbeek** (Eselsbach) und erreichen die ersten Zeugen vergangener Zeiten, die **Kasteele Scherpenberg** und **Rosmeulen**.

Das Kasteel (Schloss) Scherpenberg liegt links des Weges und ist etwas zugewachsen. Sein romanischer Ritterturm ist letztes Überbleibsel einer frühmittelalterlichen Wohnburg. An diesen Turm wurde von 1577 bis 1580 ein Renaissanceschloss angebaut. In krie-

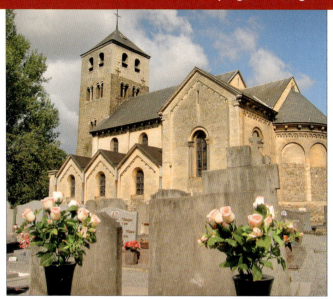
Die gotische Kirche von Sluizen

gerischen Zeiten diente das Schloss den Bewohnern von Nerem als Zufluchtsort. Wenige Meter weiter auf der rechten Seite des Weges entdecken wir das Kasteel Rosmeulen. Es vereint Elemente des Jugendstils mit einer orientalisch anmutenden Kuppel. Auf der Brücke zum Schloss finden sich seltsame Figuren, wie z. B. Löwen (das Wappentier Flanderns) mit Mädchenköpfen. Das Schloss wurde 1913 vom Schokoladenfabrikanten Rosmeulen erbaut und ist in privatem Besitz.

Wenig später erreichen wir den **Ort Nerem**. Hier führt unsere Strecke über einen **gepflasterten Platz** hinweg und weiter geradeaus in Richtung **KP 114**. Diesen erreichen wir an einer Kreuzung, biegen links ab in **Richtung KP 87** und rollen ins Jekertal hinunter. An einer **T-Kreuzung** halten wir uns **links,** fahren in einem **Rechtsbogen** über die **Jeker** und erreichen eine **weitere T-Kreuzung**. Hier biegen wir links ab in den **Viseweg** und halten uns an der **nächsten Gabelung** rechts. An dieser Gabelung sehen wir links die **Kirche von Sluizen** mit ihrem für die Gegend typischen **Friedhof**.

1 Kirche von Sluizen; 6 km

KULTUR TOUR 04

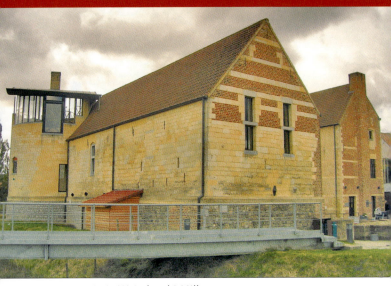

Die restaurierte Waterburcht Millen

Sie ist einen Abstecher und ein Innehalten wert. Unsere Route führt nun einen **Anstieg** hinauf. An einem **Mariendenkmal** links der Straße biegen wir rechts ab auf einen **geteerten Wirtschaftsweg,** der uns durch **Obstgärten** bergauf zum **höchsten Punkt Belgisch-Limburgs** bringt. Die **Aussicht** zurück über das Jekertal bis nach Tongeren entschädigt uns für die Mühen.

Am **Ende der Steigung** folgen wir dem Weg nach links. Wir erreichen am Rande der Bebauung von **Elst** den **KP 87,** fahren zunächst geradeaus über ihn hinweg und biegen rechts ab in **Richtung KP 86.** Wir radeln an einem **Bauernhof** vorbei, fahren bis an eine **Autobahn,** an der unser Weg nach links schwenkt und kurze Zeit parallel zur Autobahn verläuft. An einer **T-Kreuzung** biegen wir rechts ab, **unterqueren** die Autobahn und rollen bequem bergab bis an eine Gabelung. Hier wenden wir uns nach links und erreichen den **Ort Millen.** An einer **Kreuzung,** links steht eine **Kapelle,** biegen wir rechts ab und fahren an mehreren **Gehöften** vorbei bis zu einer **Gabelung.** Hier biegen wir links ab und fahren in den **Ortskern** hinein. Wir erreichen die **Kirche** von **Millen** und biegen rechts ab. An einer **Kreuzung** erreichen wir das linker Hand gelegene **Restaurant Dewalleff.** Wir biegen links ab, fahren unterhalb der **Kirche** entlang und erreichen einen **Platz,** der von imposanten **Vierkanthöfen** gesäumt wird. Direkt geradeaus befindet sich ein **Kulturzentrum,** vor dem wir rechts abbiegen in einen **schmalen geteerten Wirtschaftsweg.** Links des Weges eröffnet sich der Blick auf die **Waterburcht Millen.**

2 Waterburcht Millen; 11km

Die Waterburcht (Wasserburg) Millen bestand ursprünglich nur aus einem Wohnturm, der 1366 zu einer vierflügeligen Wasserburg erweitert wurde. Mit der Erfindung des Schießpulvers verloren solch kleine Burgen ihre Schutzfunktion und wurden zu repräsentativen Wohnsitzen umgestaltet. So auch die Burg Millen: Sie wurde im 16. Jahrhundert zu einem Schloss im Stil der maasländischen Renaissance umgebaut. Seit Beginn des 18. Jahrhunderts wurde die Wasserburg dann nicht mehr permanent bewohnt und verfiel langsam. Heute sehen wir daher nur die sehr stilvoll restaurierten Überreste der Burg. Die Waterburcht van Millen ist heute eines von vier euregionalen Besucherzentren zum Thema Burgen und Festungen in der Euregio Maas-Rhein. Sie beherbergt eine multimediale Ausstellung zum Thema und ein idyllisches Hofcafé.

Wir lassen die Wasserburg links liegen und radeln geradeaus weiter bis an eine **T-Kreuzung** in einer **Siedlung,** wo wir links abbiegen. An einer weiteren **T-Kreuzung** wenden wir uns nach rechts und radeln auf der **Straße Genendries** in **Richtung Tongeren** aus Millen hinaus. Wir erreichen eine **Kreuzung** mit der stark befahrenen **N 79,** queren diese und kommen auf einer **Allee** an eine **Kreuzung,** an der wir auf der linken Seite hoch über der Straße die **Sint-Apollonia-Kapel** entdecken. Wir biegen an der Apollonia-Kapel links ab und fahren durch **Felder** in Richtung **KP 86.** An einer **Gabelung** halten wir uns rechts und kommen durch einen **Hohlweg** zum **Ort Genoelselderen.** Im Ort biegen wir an der ersten Möglichkeit **rechts** ab in eine **Sackgasse** und fahren geradeaus in einen **kleinen Wirtschaftsweg** hinein. Dieser führt uns durch **Kuhwiesen** und **Obstgärten** wieder in eine **Siedlung** hinein. Wir fahren geradeaus in den Ort, folgen der Straße um eine scharfe **Linkskurve** und erreichen den **KP 86** und das **Wijnkasteel Genoelselderen.**

3 Wijnkasteel Genoelselderen; 15 km

KULTUR TOUR 04

Das imposante Kasteel de Renesse

Ursprünglich stand hier das im 13. Jahrhundert erbaute Kasteel Elderen, das aber im Jahr 1407 durch Soldaten aus Tongeren niedergebrannt wurde. Im 18. Jahrhundert wurde die Anlage wieder aufgebaut. Sie besitzt einen schönen französischen Garten (frei zugänglich) und wird heutzutage als Weingut (teilweise zugänglich) betrieben. Nicht nur aufgrund seines Äußeren könnte das Schloss auch in der Gegend um Bordeaux stehen: Hier werden Spitzenweine gekeltert, die in die besten belgischen Restaurants gelangen.

Wir biegen am **KP 86** nach links ab, lassen das Schloss rechts liegen und erreichen über die **Kromstraat** eine **Gabelung.** An dieser biegen wir rechts ab und fahren durch einen **Hohlweg** bis zum **KP 113.** Hier biegen wir rechts ab und rollen an **Weinstöcken** vorbei bis an eine **Autobahn,** die wir durch eine **Unterführung** queren. Gleich dahinter halten wir uns geradeaus und fahren in einem Bogen nach links an **Obstgärten** entlang. An einer **T-Kreuzung** halten wir uns rechts, an der **folgenden Gabe-**

lung wieder rechts und radeln auf dem **Radweg** an einer Straße entlang nach **Herenelderen** hinein. An einer weiteren **T-Kreuzung** fahren wir schräg links gegenüber geradeaus weiter. Wir folgen der Straße und biegen an der ersten Möglichkeit nach **links** ab in die **Sackgasse Langbamdweg**. Am Ende der Straße nehmen wir einen **schmalen Radweg** und erreichen, an **bäuerlichen Gärten** vorbei, eine **T-Kreuzung**. Hier fahren wir nach rechts und erblicken das **Kasteel de Renesse**.

Das Kasteel de Renesse war von 1261 bis 1501 Sitz der mächtigen Familie Hamal. Es wurde in U-Form erbaut und ist von einer Schlossgracht umgeben. Kern des Schlosses ist ein gotisches Wohnhaus aus dem 13. Jahrhundert. Für die Region typische Streifen aus weißem Naturstein lockern das Äußere des vorwiegend aus rotem Backstein errichteten Gebäudes auf. Im Jahr 1450 wurde die Sint Stefanuskerk gleich nebenan errichtet. Das im Jahr 1662 restaurierte Renaissanceschloss bildet mit der St. Stefanuskerk und dem im 17. Jahrhundert errichteten Bauernhof ein typisches Schlossdorf.

Wir folgen der Straße, radeln zwischen Kasteel und Kirche hindurch und kommen an eine **T-Kreuzung**. Hier biegen wir rechts ab und radeln geradeaus weiter. An einem **Abzweig** folgen wir der **Straße Eldersbroek** nach links, queren einen **Bahnübergang** und fahren geradeaus durch den **Ort Herenelderen**. Wir verlassen den Ort und biegen in einer **Linkskurve** von der Straße rechts ab in einen **geteerten Wirtschaftsweg**. Achtung auf die zahlreichen Wanderer, die hier unterwegs sind! An einem **Abzweig** geht es für uns nach links in **Richtung KP 110**; an Feldern vorbeiradelnd erreichen wir den **KP 110** und biegen rechts ab in **Richtung KP 109**. Über einen **Hügel** hinweg kommen wir zum **KP 109**, wo wir rechts des Weges einen gemütlichen **Rastplatz** mit Bänken und einem Tisch vorfinden. Wir biegen links ab und **unterqueren** auf einer ehemaligen **Bahntrasse** eine Straße. Nach dem Tunnel fahren wir geradeaus weiter und mit ordentlichem Gefälle auf eine **Gabelung** zu, die von einer **mächtigen Eiche** markiert ist. Wir nehmen den **Abzweig** nach rechts, fahren am sehr schönen **Vierkanthof Paulushoev**e vorbei und folgen der Straße zum **KP 119**, wo wir uns links halten in Richtung **KP 130**.

Nach einem kurzen Wegstück durch **Obstgärten** erreichen wir eine **Siedlung** und biegen an einer T-Kreuzung links ab. Wir passieren die **Brasserie De Tommen** und biegen an einer **weiteren T-Kreuzung** links ab auf die **Tommenstraat**. Noch im Ort fahren wir an einer **Gabelung** rechts, am Ortausgang an einer **Gabelung** links und rollen mit toller **Aussicht** (Kasteel Neerrepen links unten im Tal) durch **Obstgärten** bis an eine **T-Kreuzung**. Hier biegen wir links ab und rollen weiter den Hang hinab. In einer **Senke** sehen wir zur Linken den idyllisch gelegenen **Vierkanthof Binkelhoeve**. Direkt vor dem Hof finden wir einen weiteren **Rastplatz** mit Tisch und Bänken, ganz im Schatten einer **riesigen Kastanie**. Das **Kasteel Neerrepen** können wir von hier aus leider nicht sehen, es liegt hinter dem Hof versteckt.

4 Kasteel Neerrepen; 26 km

Das Kasteel Neerrepen besteht aus einem Wohnturm und einem klassizistischen Wohnhaus. Es wurde 1592 von Lambert van Repen erbaut, dessen Wappen auch das Eingangsportal ziert. Der Vierkanthof Binkelhoeve ergänzte ab 1756 das Ensemble.

Wir setzen unseren Weg fort, geradeaus weiter bis an eine **T-Kreuzung**; hier erreichen wir den **KP 130** und biegen rechts ab. Unsere Tour verläuft nun auf einer **Landstraße** durch **Obstgärten** bis an eine **T-Kreuzung** im **Ort Overrepen**. Weiter geht es nach links in die **Lerestraat** und dann bis zur **Kirche** von **Overrepen** direkt an der stark befahrenen **N 20**. Diese überqueren wir und fahren schräg **links gegenüber** in die für den Autoverkehr gesperrte Sint Laurensstraat hinein. Dieser folgen wir bis an eine **Gabelung**, biegen rechts ab und erreichen eine **Kreuzung** mit einer **Kapelle** zur Rechten. Hier biegen wir rechts ab in den **Bredeweg** und verlassen auf ihm den Ort. An einer **Gabelung** halten wir uns links und fahren auf einem geteerten, **kurvigen Wirtschaftsweg** an Apfel- und Birnenplantagen vorbei. An einer **T-Kreuzung** erreichen wir den **KP 120**. Hier biegen wir rechts ab, treffen auf eine **weitere T-Kreuzung** und biegen erneut nach rechts ab. Wir fahren auf der Straße aus dem Ort hinaus, folgen ihr in einem Linksbogen und biegen vor einer **Rechtskurve** links ab auf einen weiteren **Wirtschaftsweg**. Es folgt eine angenehme

Abfahrt bis an eine **T-Kreuzung** mit einer **Landstraße.** Hier wenden wir uns nach rechts und nach wenigen Metern nach links in **Richtung KP 130.** Es schließt sich eine recht steile weitere **Abfahrt** an, an deren Ende wir an einer **Kreuzung** (Vorfahrt beachten!) geradeaus weiterfahren in den **Ort Gors** hinein. An einer **Gabelung** halten wir uns rechts, fahren in eine **Sackgasse** hinein und gelangen auf den **historischen Dorfplatz** von Gors. Auf der linken Seite befindet sich die **Einkehrmöglichkeit De Pastorie** (Brot und Gemüse aus eigener Herstellung, Gerichte der Region). Am Ende des Platzes, an einer **T-Kreuzung,** sehen wir auf der gegenüberliegenden Straßenseite das **Kasteel von Gors.** **5** Kasteel von Gors; 32 km

Das Kasteel Gors wurde im 17. Jahrhundert errichtet und war ursprünglich an drei Seiten durch Grachten umgeben. Es wurde 1820 im spätklassizistischen Stil umgebaut. Der Turm des Schlosses wurde 1923 hinzugefügt. Der Schlossbauernhof links des Kasteels wurde 1865 abgerissen und später nach historischen Plänen wieder aufgebaut. Der historische Dorfkern von Gors wurde 2008 zum schönsten Dorf Flanderns gewählt.

Wir fahren an der **Kreuzung** nach links weiter bis zum **KP 137.** Hier, an einer **Straßengabelung,** biegen wir links ab in **Richtung Jesseren** und rollen hinab zum **KP 136.** An diesem fahren wir geradeaus weiter und genießen das Auf und Ab durch die **Felder** und **Obstgärten** der Gegend. Kurz vor dem Ort Jesseren biegen wir links ab in **Richtung KP 139.** Wir befinden uns nun auf einer **ehemaligen Bahntrasse** und radeln geradeaus weiter. An einer **Kreuzung** erreichen wir den alten **Bahnhof Jesseren** und fahren geradeaus weiter bis zum **KP 139.** Auch hier geht es weiter geradeaus bis an eine **T-Kreuzung,** wo wir uns nach rechts wenden und **bergab** nach **Piringen** hineinrollen. Im Ort biegen wir an einer **T-Kreuzung** rechts ab und an einer folgenden **Kreuzung** fahren wir geradeaus weiter. Wir gelangen an eine weitere **Kreuzung,** rechter Hand liegt die **Kirche** von Piringen. Hier nehmen wir den **Abzweig** nach links, passieren die **Einkehrmöglichkeit Bij Mariella** und verlassen durch einen **Hohlweg** den Ort. Nach kurzem **Anstieg** erreichen wir den **KP 128** und biegen rechts ab. Wir radeln in einem **Linksbogen** auf dem **geteerten Wirtschaftsweg** weiter bis an eine **Kreuzung.** Hier biegen wir rechts ab und folgen einer **Allee** bis zu einer **weiteren Kreuzung,** queren eine **Landstraße,** halten uns links und biegen nach wenigen Pedaltritten rechts von der Landstraße ab in **Richtung KP 117.** Der Weg verläuft zwischen der **Randbebauung Tongerens** und **Feldern** und führt uns zum **KP 117;** hier links in **Richtung KP 116.** Es geht geradeaus in ein Wohngebiet hinein.

An einer **Gabelung** halten wir uns rechts und fahren geradeaus weiter bis zu einer **Kreuzung** mit einer stark befahrenen **Straße, überqueren** diese und radeln geradeaus weiter. An einer **T-Kreuzung** müssen wir nach links und nach wenigen Metern gleich wieder nach rechts, in die **Lindenstraat.** Dieser folgen wir um eine **Linkskurve** herum, biegen rechts ab und überqueren auf einer **Brücke** einen **Bach.** An einer **T-Kreuzung** biegen wir rechts ab in die **Wijkmolenstraat** und gelangen an deren Ende auf einen **schmalen Radweg;** dieser führt uns über ein **Wehr** und am rechts des Weges liegenden **Hippodrom** vorbei zum **KP 116.** Hier biegen wir links ab in Richtung **KP 112,** fahren über einen **Kreisverkehr** hinweg und an der **ersten Möglichkeit** links in ein **Neubaugebiet** hinein, das wir, immer mit den Wegweisern in **Richtung KP 112** folgend, durchqueren, bis wir an einer **T-Kreuzung** die **Straße De Dijk** erreichen. Hier verlassen wir die Wegweisung, biegen links ab und wenden uns nach wenigen Metern nach rechts in den **Stadtpark De Motten.** Wir radeln an einem **See** vorbei durch den Stadtpark und biegen an einer **T-Kreuzung** nach rechts ab. Nach wenigen Metern wird die Straße zur **Allee** mit zwei getrennten Fahrspuren. Nun beginnt unsere kleine Stadtrundfahrt durch das **historische Tongeren.** Wir fahren in der Mitte beider Fahrspuren auf einem **Radweg** weiter geradeaus, radeln am links des Weges gelegenen **Gefängnis** vorbei und passieren die **Jugendherberge** und den **Lakenmakerstoren** (Tuchmacherturm).

Das Gefängnis von Tongeren war von 1880 bis 2005 mit Häftlingen belegt. Heutzutage kann man es besichtigen und erleben, wie es in einer solchen Anstalt früher zuging. Die Jugendherberge befindet sich im Gebäude des ehemaligen Schlachthofs. Direkt dahinter beginnt der Beginenhof aus dem 13. Jahrhundert. Er ist einer

Durch den Haspengau und Tongeren 51

Das weithin sichtbare Stadttor von Tongeren

der größten und schönsten des Landes und gehört zum UNESCO-Weltkulturerbe. Gleich neben der Jugendherberge und an den Beginenhof angebaut sehen wir den Lakenmakerstoren aus dem 13. Jahrhundert und die St.-Ursula-Kapelle von 1701.

Der Radweg macht einen **Knick** nach links, und wir gelangen zu einem **Stadttor,** der **Moerenpoort.** Diese durchqueren wir und biegen gleich links ab. Wir fahren auf dem links parallel zur Straße verlaufenden **Radweg** an der **Stadtmauer** entlang. (Dieses Stück des Weges sind wir heute bereits einmal gefahren.)

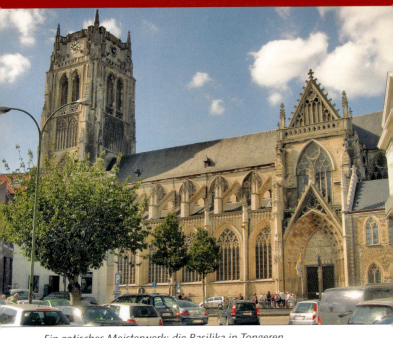

Ein gotisches Meisterwerk: die Basilika in Tongeren

Die erste römische Stadtmauer Tongerens wurde im 2. Jahrhundert n. Chr. gebaut. Aufgrund andauernder Angriffe der Franken wurde die römische Stadtmauer im 4. Jahrhundert mit zahlreichen Verteidigungstürmen ausgestattet und erweitert. Im 13. Jahrhundert wurde auf dem Fundament der römischen Stadtmauer eine neue Stadtmauer errichtet. Die von uns eben durchfahrene Moerenpoort ist Teil der dritten Stadtmauer Tongerens, wurde 1379 erbaut und ist das einzige erhalten gebliebene Stadttor.

An einer **Kreuzung** endet die Stadtmauer; wir biegen links ab und radeln immer geradeaus ins **Stadtzentrum** hinein. Wir überqueren **zwei Kreuzungen,** ignorieren einen Abzweig nach links und erreichen den **Vrijthof.** Hier öffnet sich die Straße zu einem **Platz,** den wir nach rechts queren. Wir fahren nun auf die **Basilika** zu. Direkt vor der Basilika stoßen wir auf ein „**archäologisches Fenster",** wo wir in einer Grube einige Überreste früherer Bebauungen besichtigen können.

Durch den Haspengau und Tongeren

An dieser Stelle stand einst eine stattliche römische Villa mit einer Therme, die im 3. Jahrhundert abbrannte; nur die südliche Außenmauer der Villa ist erhalten geblieben. Im 4. Jahrhundert wurde auf den Trümmern die zweite römische Stadtmauer errichtet. Diese römischen Relikte können wir heute noch betrachten, weil sie als Fundament für eine später hier errichtete Kapelle genutzt wurden. Direkt hinter diesen Relikten aus lang vergangener Zeit thront die imposante Basilika Onze-Lieve-Vrouw, die wir auf unserer Tour bereits ein paarmal aus der Ferne gesehen haben. Die Errichtung der Basilika begann im Jahre 1240 und erstreckte sich über drei Jahrhunderte – allein der Bau des 64 Meter hohen Turms dauerte 99 Jahre.

Wir fahren links am archäologischen Fenster vorbei, lassen die **Basilika** rechts liegen und gelangen auf den **Marktplatz Grote Markt.** Hier steht links von uns das **historische Rathaus** (mit der Tourist Information) und gegenüber der Basilika das **Standbild** des **Ambiorix.**

Das historische Rathaus, eine Mischung aus Rokoko und Klassizismus, wurde von 1738 bis 1750 erbaut. Im dreieckigen Fronton sehen wir das Wappen des damaligen Bischofs Georges-Louis de Berghe. Das Schwert verweist auf seine weltliche, der Bischofsstab auf seine kirchliche Macht. Gegenüber der Kirche finden wir das Standbild eines ganz anderen Anführers: Ambiorix. Er war ein Fürst der Eburonen und verteidigte sein Volk gegen die Römer. Den Comicfans wird die frappierende Ähnlichkeit des Ambiorix mit einem gewissen Asterix auffallen.

Nun liegt noch der Rückweg zum Bahnhof vor uns. Wir biegen vor dem **Standbild** des Ambiorix rechts ab und nach ein paar Metern gleich noch einmal. Wir folgen der **Maastrichterstraat** bis an eine **Kreuzung** mit einer verkehrsreichen Straße. Hier benutzen wir den rechts der Einmündung liegenden **Fußgängerüberweg** und fahren **geradeaus** auf der **E. Jaminestraat** bergab in Richtung einer **Eisenbahnbrücke.** Vor dieser biegen wir links ab und erreichen den **Stationsplein** und unseren Ausgangspunkt, den **Bahnhof.**

NATUR TOUR 01

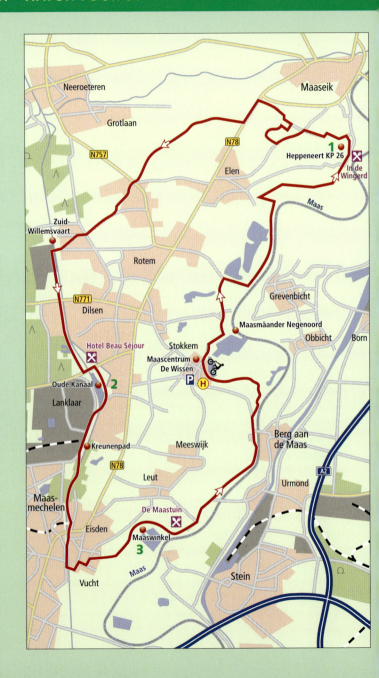

Am Wasser durch das Maasland
Eine naturnahe Runde an den Ufern von Maas und Zuid-Willemsvaart

Diese gänzlich flach verlaufende Tour führt uns durch das Gebiet zwischen Maas und dem Kanal Zuid-Willemsvaart. Auf der Strecke erfahren wir einiges über die Natur an einem Flusslauf. Außerdem lernen wir, wie der Eingriff des Menschen eine natürliche Landschaft prägen kann. Im Frühjahr können wir hier Wasservögel beim Brüten beobachten. Etwas später im Jahr sind es die ersten Schwimmversuche der Jungvögel, die uns das eine oder andere Mal innehalten lassen.

Start und Ziel: **Maascentrum De Wissen, Maaspark, B-3650 Dilsen-Stokkem, Tel. (00 32) (89) 75 21 71, www.dewissen.be**
Pkw: **Am Autobahnkreuz Aachen A 4 Richtung Antwerpen** (wird in den Niederlanden zu A 76); **A 76 Richtung Brüssel folgen** (wird in Belgien zu A 2) **Abfahrt 33 Maasmechelen; auf N 78 Richtung Maasmechelen/Maaseik/Lanaken, am Abzweig Lanklaar rechts abbiegen Richtung Stokkem auf N 742; kurz nach Ortsschild Stokkem vor Rechtskurve links abbiegen Richtung De Wissen/ VVV Stokkem**
ÖPNV: **Vom Bahnhof Genk mit der Buslinie 9 bis Haltestelle Stokkem-Centrum (wochentags) oder mit der Linie 45 bis Haltestelle Lanklaar-Kruispunt (Wochenende)**
Strecke: **Rundtour; ca. 39 Kilometer/4 Stunden**
Streckenprofil: **Fast ausschließlich autofreie Radwege, flach und durchgehend beschildert. Gut für eine Tour mit Kindern geeignet**
Einkehr: **In de Wingerd,** Heppeneert 20, B-3680 Maaseik, Tel. (00 32) (89) 56 67 52; **Hotel Beau Séjour,** Dorpstraat 59, B-3650 Lanklaar, Tel. (00 32) (89) 75 77 91; **De Maastuin,** Mazenhoven 16, B-3630 Leut, Tel. (00 32) (89) 75 30 24 (Fr geschl.)
Am Wegesrand: **Maas; Zuid-Willemsvaart; Oude Kanaal; Kreunenpad; Maaswinkel; Maascentrum De Wissen, Maaspark,** B-3650 Dilsen-Stokkem, Tel. (00 32) (89) 75 21 71, www.dewissen.be
Fahrradservice: **Maascentrum De Wissen,** Maaspark, B-3650 Dilsen-Stokkem, Tel. (00 32) (89) 75 21 71, www.dewissen.be (Verleih, auch Kinderräder)

Das Dorf Boyen liegt direkt an der Maas

Wir nehmen den **Radweg,** der oberhalb vom **Parkplatz** des **Maascentrums** auf einem Deich verläuft, und folgen der **Beschilderung** in **Richtung KP 49.** Wir fahren auf dem Deich am Maasmäander Negenoord entlang und gelangen ins Dorf Boyen.

Durch den Maasmäander Negenoord, eine Flussschlinge, floss noch im 18. Jahrhundert der Hauptstrom der Maas. Beim Hochwasser von 1740 wurde er vom Hauptstrom abgeschnitten. Das bis dahin niederländische Dorf Boyen lag plötzlich auf der anderen Seite der Maas und gehört seit 1839 zu Belgien.

Wir radeln weiter in **Richtung KP 49** und ab dort in **Richtung KP 46.** Wir kommen zur **Fußgängerfähre** nach Grevenbricht in den Niederlanden und zum **KP 46.** Nun haben wir den Hauptstrom der Maas erreicht und fahren direkt am Fluss entlang weiter, immer der **Beschilderung** in **Richtung KP 26** nach.

Auf einer Strecke von ca. 40 Kilometern bildet die Maas die belgisch-niederländische Grenze und wird daher „Grensmaas" genannt. Es ist der einzige Abschnitt, in dem der Wasserstand des Flusses nicht durch

Stauungen kontrolliert wird und daher auch nicht schiffbar ist. In trockenen Sommern ist es an einigen Stellen sogar möglich, die Grensmaas zu durchwaten. Bei anhaltendem Regen tritt sie weit über ihre Ufer und bildet dabei große Seenplatten. Diese Gebiete sind Brutplatz und Lebensraum vieler Wasservögel und anderer Tiere.

Auf der linken Seite passieren wir eines der vielen Binnengewässer, den **Bichterweert**. Am Rand des Weges finden wir immer wieder Möglichkeiten, auf einer **Bank** oder an einem **Rastplatz** die **Aussicht** über die Maas zu genießen. Nach einiger Zeit fahren wir auf der **Uferpromenade** nach **Heppeneert** ein und sehen links der Straße das **Restaurant In de Wingerd**. Bei gutem Wetter können wir auf der schattigen Terrasse ein limburgisches Bier oder die landestypischen Pannekoeken genießen. **Am KP 26** im Ort biegen wir in **Richtung KP 45** links ab ins Landesinnere.

1 KP26; 9,5 km

Auf diesem Streckenabschnitt radeln wir durch das landwirtschaftlich geprägte Gebiet zwischen der Maas und dem Kanal Zuid-Willemsvaart, an **Kuhweiden** und **Bauernhöfen** vorbei. Dann überqueren wir eine **Landstraße** und kommen durch ein **Wohngebiet** zum **KP 45**. Von dort aus fahren wir einen wunderschönen Weg auf einem **Deich** entlang **bis zum KP 43**. Kurz darauf am **KP 44** verlassen wir den Radweg nach rechts auf einer **steilen Abfahrt** zum **Kanal Zuid-Willemsvaart** hinunter. Am Wasser angekommen biegen wir gleich **links** unter einer **Brücke** hindurch ab. Nun geht es immer den Kanal entlang **Richtung KP 48**. Kurz **nach** seinem Erreichen biegen wir links vom Kanal ab in **Richtung KP 55** und fahren nach wenigen Metern rechts weiter am **Oude Kanaal** entlang.

2 Oude Kanaal; 24 km

Auf der anderen Seite des Oude Kanaals befindet sich das mondäne **Hotel Beau Séjour** im Belle-Époque-Stil, das wir über eine Brücke erreichen können. Außerdem befindet sich an dieser Stelle ein **Rastplatz** zum Picknicken.

Der Oude Kanaal war früher Teil der Zuid-Willemsvaart. Auf der Insel zwischen altem und neuem Kanal hat sich inzwischen eine reiche Fauna und Flora gebildet – hier können wir zahlreiche Vögel, Libellen und Schmetterlinge beobachten. Haben wir dieses Glück

Der idyllische Maasmäander Negenoord

nicht, so bleibt uns der „Spotter": eine drehbare Säule mit einem integrierten Fernrohr. Sobald das Fernrohr auf bestimmte Stellen der Landschaft gerichtet wird, startet in einem Sichtfenster ein Film, in dem Besonderheiten der umgebenden Natur erklärt werden.

Wir radeln **weiter in Richtung KP 55** und treffen am **Jachthafen** von Lanklaar wieder auf die **Zuid-Willemsvaart.** An einer **Gabelung** bleiben wir **rechts** am **Ufer** des Kanals, hier fehlt ein Wegweiser zum KP 55. Wenig später passieren wir den **Ort Lanklaar** und gelangen ans metallene Eingangstor zum **Kreunenpad.** Es lohnt sich, das Rad abzustellen und zu Fuß den **Lehrpfad** zu erkunden.

Der Kreunenpad verläuft hoch über einem ganz besonderen Naturgebiet. Hier entstand durch den Eingriff des Menschen eine natürliche Umgebung, die eigentlich für diese Gegend nicht typisch ist. Im 19. Jahrhundert entdeckte man Kohlevorkommen und begann mit dem Abbau des schwarzen Goldes. Später stürzten die Schächte teilweise ein und ließen den Boden um mehrere Dutzend Meter ab-

sacken. Dadurch geriet das Grundwasser unter Druck, sprudelte und verursachte an der Oberfläche die Entstehung eines Morastgebiets.

Wir setzen unsere Tour am **Kanal** entlang fort, erreichen den **KP 55** und fahren weiter in **Richtung KP 56.** Bald biegen wir links vom Kanal ab und durchqueren das **Dorf Vucht.** Am **KP 56** biegen wir rechts ab **Richtung KP 50.** Der Weg führt uns durch ein **Wäldchen,** bevor wir auf einem Maasdeich weiterradeln. An der Kreuzung Schietskeul genießen wir einen herrlichen Ausblick auf den Maaswinkel.

3 Maaswinkel; 32 km

Der Maaswinkel ist ein natürlich entstandenes Überflutungsgebiet. Aufgrund der regelmäßigen Überschwemmung kommen hier sogar Pflanzen südlicher Herkunft vor: wilder Majoran, Wolfsmilch und wilde Primeln. Dieser Pflanzenreichtum wird ergänzt durch eine Vielfalt von Tieren – Fischreiher, Bussard und Eisvogel leben hier. Das Gebiet ist frei zugänglich.

Immer weiter radeln wir auf dem **Deich,** genießen die **Ausblicke** in die Maas-Auen und erreichen das **Dorf Leut.** Direkt am **Maasdeich** befindet sich hier das idyllisch gelegene Café **De Maastuin** – eine gute Möglichkeit, den Kuchen aus eigener Bäckerei oder eines der lokalen Biere zu probieren. Auf der Weiterfahrt werden uns nach kurzer Passage auf **Kopfsteinpflaster** zwei mögliche Wegvarianten zum **KP 50** angeboten: Wir nehmen die Variante **geradeaus** über den **Deich** und gelangen an den zweiten **Spotter** dieser Runde. **Am KP 50** erreichen wir die **Autofähre** nach Berg in den Niederlanden. Wir radeln nun weiter in **Richtung KP 49** und kommen zum **Ausgangspunkt** der Tour, dem **Maascentrum De Wissen.**

Das Maascentrum De Wissen beherbergt ein Korbmachermuseum. Außerdem finden wir in dem Gebäude eine Ausstellung rund um die Maas und ihre Geschichte. Es besteht die Möglichkeit, mit einem Fluisterboot, einem elektrisch angetriebenen Motorboot, den hiesigen Maasmäander zu erkunden. Man kann außerdem auf einer schwimmenden Holzhütte auf dem Maasmäander übernachten.

NATUR TOUR 02

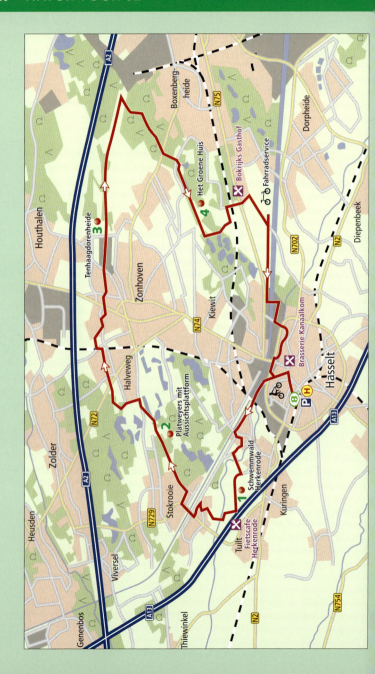

Von Hasselt aus ins Herz Belgisch-Limburgs
Eine flache Runde durch die Weiher- und Heidelandschaft Midden-Limburgs

Wir radeln auf dieser Rundtour fast autofrei durch Midden-Limburg. In der Nähe der Abtei Herkenrode passieren wir einen Schwemmwald. Danach queren wir die Seenplatte De Wijers und bekommen eine Menge Wasservögel zu Gesicht (Fernglas einpacken!). Auf einer ehemaligen Bahntrasse gelangen wir in die Tenhaagdorenheide, wo wir im Dünensand picknicken können. Zum Ende unseres Ausfluges führt uns die Route am Albertkanal entlang nach Hasselt zurück.

Start und Ziel: Bf Hasselt
Pkw: Am Autobahnkreuz Aachen A 4 Richtung Antwerpen (wird in den Niederlanden zu A 76); **A 76 Richtung Brüssel folgen** (wird in Belgien zu A 2); **Abfahrt 29 Houthalen/Helchteren; N 74 Richtung Zonhoven/Hasselt, bei R 70/Thonissenlaan rechts abbiegen; nach 700 Metern rechts ab auf Koningin Astridlaan; nach 300 Metern links ab auf Frans Massystraat; nach 100 Metern links ab in Monseigneur Broekxplein, auf den Bahnhof zufahren**
ÖPNV: Von Aachen-Hauptbahnhof über Lüttich-Guillemins nach Hasselt-Hauptbahnhof
Strecke: Rundtour; ca. 43 Kilometer/4,5 Stunden
Streckenprofil: Die Route verläuft fast durchgehend auf autofreien Radwegen, ist flach und durchgehend beschildert. Wir fahren entlang der Knotenpunkte Fietsroute-Netwerks (s. Serviceteil)
Einkehr: Fietscafé Schloss Herkenrode, Herkenrodeabdij 4, B-3511 Hasselt, Tel. (00 32) (11) 33 43 70; **Bokrijks Gasthof,** Hasseltweg 475, B-3600 Bokrijk-Genk, Tel. (00 32) (11) 22 95 56; **Brasserie Kanaalkom,** Kempische Kaai 53, B-3500 Hasselt, Tel. (00 32) (11) 26 11 53
Am Wegesrand: Jachthafen von Hasselt; Schwemmwald Herkenrode; Seenplatte De Wijers, www.dewijers.be; **Tenhaagdorenheide; Picknickplatz mit Schutzhütte; Het Groene Huis, Domein Bokrijk,** B-3600 Genk, Tel. (00 32) (11) 26 54 50 (Sa geschl.); **Abstecher ins historische Zentrum von Hasselt möglich**
Fahrradservice: Jean-Marie Schraepen, Halve Weg 18, B-3600 Bokrijk-Genk, Tel. (00 32) (89) 35 27 73

Mit dem Rücken zum **Bahnhofsgebäude** (der Bushof liegt links) fahren wir **geradeaus** in die **Frans Massystraat** Richtung **KP 96.** An einer **T-Kreuzung** mit der **Koningin Astridlaan** wenden wir uns nach links. Schon nach wenigen Metern beginnt auf der rechten Straßenseite der **Radweg** in **Richtung KP 96.** Nach einer Passage durch ein **Wohngebiet** erreichen wir den **KP 96.** Hier biegen wir an einer **Radwegekreuzung** links ab in **Richtung KP 95** und fahren nun geradeaus auf dem **Slachthuiskaai** am **Jachthafen** von Hasselt entlang. Hinter einer **Linkskurve** queren wir den **Slachthuiskaai** und gelangen auf den **Jaagpad** am **Albertkanal.** Wir begleiten den **Albertkanal** bis zum **KP 95,** wo wir ins **Landesinnere abbiegen.** Wir folgen den Wegweisern in **Richtung KP 94** durch ein **Wohngebiet.** Weiter geht es an **Wiesen** vorbei auf einen **geschotterten Weg,** der uns in den **Wald** der **Abtei Herkenrode führt.**   **1 Abtei Herkenrode; 8 km**

Der Weg durch den **Wald** ist größtenteils unbefestigt, verläuft aber über verdichteten Untergrund und ist gut zu befahren.

In der Abdijsite Herkenrode, einem waldigen Schwemmgebiet, wechselt der Wasserstand ständig: Mal ist es sehr trocken, dann wieder wird das Waldgebiet überschwemmt. An einigen Stellen fließt orange gefärbtes Wasser am Wegesrand. Es ist Quellwasser, das mit Eisen angereichert ist. Bei der Berührung mit Sauerstoff rostet das Eisen und hinterlässt im Wasser seine orangene Farbe. Der besondere Mineralienmix des zutage tretenden Quellwassers sorgt auch für eine einzigartige Flora: Hier wachsen Wasserprimel, der Fleischfressende Sonnentau, Moorlilien und verschiedene Arten von Pilzen. Mit etwas Geduld können wir einen Buntspecht oder ein Schwarzbrustkehlchen beobachten. Das viele tote Holz im naturbelassenen Schwemmwald dient zahlreichen Insekten als Lebens- und Brutraum – nicht umsonst gilt totes Holz als das „Gold des Waldes".

Nach dieser waldigen Passage gelangen wir zur **Abtei Herkenrode,** wo wir im **Fietscafé** einkehren oder den **Kräutergarten** besichtigen können. Wir fahren weiter in **Richtung KP 94** und gelangen nach **Stokrooie.** Kurz hinter dem Dorf erreichen wir erneut den **Albertkanal.** Hier befindet sich der **KP 94,** an dem wir den Albertkanal in **Richtung KP 93** überqueren. Auf der an-

Radweg am schnurgeraden Albertkanal

deren Seite des Kanals kommen wir zum **KP 93** und radeln weiter in **Richtung KP 301.** Ein geschotterter Weg führt uns an die **Platweyers,** eine Ansammlung von Weihern. **2 Platweyers; 13 km**

Die Platweyers sind Teil der Seenplatte De Wijers. Dieses Gebiet umfasst eine Fläche von 700 Hektar und besteht aus mehr als 1100 Weihern. Entstanden sind die zahlreichen Weiher ab dem 13. Jahrhundert als Gruben, aus denen Erz und Torf abgebaut wurde. Als diese sich mit Wasser füllten, wurden sie zur Fischzucht genutzt. Heutzutage werden hier keine Fische mehr gezüchtet, dafür beherbergen die Weiher eine große Vielfalt an Wasservögeln. Einige der hier lebenden Vögel lassen sich gut von den direkt am Weg liegenden Aussichtsplattformen beobachten. Mit etwas Glück hört man hier auch den Ruf des Laubfrosches, den man bis zu einem Kilometer weit vernehmen kann. Der Laubfrosch ist der einzige seiner Art, der auf Bäume klettern kann; die Bäume an den Ufern der Weiher bieten ihm den dazu passenden Lebensraum.

Moorsee in der Tenhaagdorenheide

Auf dem weiteren Weg in **Richtung KP 301** passieren wir landwirtschaftlich genutztes Gebiet, das von kleinen **Bächen** durchzogen wird, und treffen in einem **Wohngebiet** auf den **KP 301**. Wir fahren weiter in **Richtung KP 300,** den wir nach kurzer Wegstrecke erreichen. Ab hier befinden wir uns auf einer ehemaligen **Bahntrasse**. Weiter geht es in **Richtung KP 305** und von dort weiter zum **KP 79**. Auf dieser Strecke streifen wir die **Tenhaagdorenheide.**

3 Tenhaagdorenheide; 21 km

Die Heidelandschaft zeigt uns, wie Mittellimburg ursprünglich ausgesehen hat: Wir finden sandigen Untergrund mit typischer Heidevegetation, die von wenigen kleinen Bächen durchzogen wird. In früheren Zeiten nutzten die Bewohner Limburgs die Heide tagsüber als Weide für die Schafe, und in der Nacht wurden die Tiere auf die wenigen kargen Wiesen- und Ackerflächen getrieben, die sie mit ihrem Mist düngten. Außerdem gibt es hier Dünen und hin und wieder am Wegesrand einen Moorsee. Die Dünen waren ursprünglich Wanderdünen. Sie wurden im Zuge des aufkommenden Bergbaus mit Kiefern bepflanzt, die Holz für den Bergbau lieferten. Heute dient die Heidelandschaft als Erholungsgebiet .

Kurz nach dem **KP 305** befindet sich auf der linken Seite des Weges ein **Picknickplatz** mit Bänken und einer **Schutzhütte.** Hier kann man hervorragend in der Heide pausieren, während der Nachwuchs in den Dünen spielen kann. Wir fahren auf der **Bahntrasse** weiter bis zum **KP 79.** Ab hier geht es durch **waldiges Gelände** immer leicht bergab in **Richtung KP 71.** Noch bevor wir den Knotenpunkt erreichen, befindet sich auf der linken Seite **Het Groene Huis.**

4 Het Groene Huis; 29 km

Het Groene Huis beherbergt die Dauerausstellung Het leven van dieren in de nacht. *In dieser interaktiv gestalteten Ausstellung können wir einiges über das Nachtleben heimischer Tiere erfahren. Wir lernen, mithilfe welcher Sinne sich Tiere in der Nacht bewegen, jagen und verständigen. Wir erfahren all das, indem wir selbst schauen, riechen, hören und fühlen. Die Ausstellung ist besonders auf Kinder ausgerichtet.*

Wir erreichen im weiteren Verlauf der Strecke in kurzer Folge die **KP 71, 92** und **91.** In **Richtung KP 98** queren wir die **Bokrijkse Wijers,** die ebenfalls, wie die zuvor schon durchradelten Platweyers, Teil der Seenplatte sind. Der Weg führt uns **zwischen zwei Weihern** entlang, ein idealer Platz, um von einer der **Ruhebänke** aus das Treiben der Wasservögel zu beobachten. Auf dem Weg zum **KP 98** passieren wir **Bokrijks Gasthof** mit seiner belgischen Küche. Wenige Meter weiter finden wir den **Fahrradservice** von Jean-Marie Schraepen. Die Umgebung der Strecke wird städtischer, es geht durch **Vorortsiedlungen** von Hasselt. Am **KP 98** fahren wir am **Albertkanal** weiter in **Richtung KP 97.** Wir radeln am **Kanal** entlang, überqueren diesen an einer **Schleuse** und fahren danach vom Kanal weg zum **KP 97.** Von hier aus geht es, meist an **kleinen Kanälen** entlang, zum **KP 96** am **Jachthafen** in Hasselt. Hier bietet uns die **Brasserie Kanaalkom** einen Platz zum Entspannen auf ihrer Wasserterrasse an. An dieser Stelle ist ein **Abstecher ins historische Hasselter Zentrum** möglich. Es liegt nur einen Kilometer entfernt, und der Radweg dorthin ist beschildert. Am **KP 96** fahren wir den uns bereits bekannten Weg in **Richtung KP 177** bis zum **Ausgangspunkt** der Runde am **Bahnhof** in Hasselt.

NATUR TOUR 03

An der Rur entlang in den Nationalpark Eifel
Eine abwechslungsreiche und naturnahe Radtour zu beiden Seiten der Rur

Entlang der Rur finden wir einen schönen Radweg vor, der uns direkt in den Nationalpark Eifel führt. Zahlreiche Wasservogelarten brüten und leben unmittelbar am Rande des Weges. Wir durchqueren naturbelassene Flussauen und genießen den Anblick der Buntsandsteinfelsen am Rande des Rurtals. Am Ziel der Tour können wir durch das schöne Eifelstädtchen Heimbach bummeln. Auf der Rückfahrt mit der Rurtalbahn zum Ausgangspunkt der Radwanderung lassen wir die Landschaft auf einer idyllischen Bahnstrecke noch einmal Revue passieren.

Start: Hauptbahnhof Düren; **Ziel:** Bahnhof Heimbach, www.dkb-dn.de
Pkw: A 4 Abfahrt Düren/Jülich; auf der B 55, dann B 56 Richtung Düren; links abbiegen auf Eisenbahnstraße; Bahnhof und Parkplatz linker Hand
ÖPNV: RE 1 bzw. RE 9 vom Hauptbahnhof Aachen oder Köln
Strecke: Streckentour; ca. 35 Kilometer/4 Stunden
Streckenprofil: Meist autofreie Radwege, weitgehend flach mit einigen kleineren Anstiegen an den Talhängen. Durchgehend beschildert mit Wegweisern des RurTalRadweges
Einkehr: Restaurant Strepp am See, Am Stausee, 52372 Kreuzau Obermaubach, Tel. (0 24 22) 74 54 (Do geschl.); **Gut Kallerbend,** 52385 Nideggen-Zerkall, Tel. (0 24 27) 12 17 (Mo/Do geschl.); **Café Jansen,** Im Haag 11a, 52385 Nideggen-Abenden, Tel. (0 24 21) 6 93 60 96; **diverse Einkehrmöglichkeiten in Heimbach**
Am Wegesrand: Rur; Mühlenteiche; Hürtgenwald; Fischtreppe Obermaubach; Naturschutzgebiet Staubecken Obermaubach; Infopunkt Nationalpark Nordeifel, Auel 1, 52393, Hürtgenwald-Zerkall, Tel. (0 24 27) 90 90 26, www.infopunkt-zerkall; Biologische Station **Düren,** Zerkaller Straße 5, 52385 Nideggen, Tel. (0 24 27) 94 98; **Naturschutzgebiet Buntsandsteinfelsen; Naturschutzgebiet Ruraue**
Fahrradservice: Fahrradparkhaus am Bahnhof (Verleih und Reparatur), Hauptbahnhof 1, 52349 Düren, Tel. (0 24 21) 48 95 00

Wir verlassen den Hauptbahnhof Düren durch das Bahnhofsgebäude und gelangen in den Wendekreis der **Sackgasse** *Hauptbahnhof*. Wir fahren leicht bergab aus der **Sackgasse** hinaus und biegen rechts ab auf die **Josef-Schregel-Straße**. Bereits an der nächsten **Kreuzung** wenden wir uns nach links in die **Fritz-Erler-Straße**. Wir überqueren an einer **Kreuzung** die **Veldener Straße**, folgen weiterhin der **Fritz-Erler-Straße** und erreichen an deren Ende die **Paradiesstraße**. Hier fahren wir **rechts** und gleich wieder **links** in die **Glashüttenstraße**. An deren Ende radeln wir nach rechts in die **Rurstraße** und gleich links auf dem **Fuß-/Radweg** in die **Kleingartenanlage Rurtal West** (Infotafel) hinein. Wir fahren direkt auf die **Rur** und den an ihrem Ufer verlaufenden **RurUferRadweg** zu. Am **Ufer** biegen wir **links** ab und folgen dem **geschotterten Weg** am Fluss entlang. Umgestürzte Bäume und wilde Orchideen prägen die Landschaft.

Die Rur entspringt im Hohen Venn auf 660 Metern Höhe und fließt durch Belgien, Deutschland und die Niederlande. An ihren Ufern finden unzählige Lebewesen ihre natürliche Nahrungs- und Lebensgrundlage. Die Rur wird seit einigen Jahren unter ökologischen Gesichtspunkten renaturiert und unterhalten. Seitdem wurde u. a. der Biber erfolgreich wieder angesiedelt.

Wir radeln weiter am **Ufer** entlang. Der **Schotterweg** schlängelt sich durch die **Flussauen** und die Uferbewaldung. Wir unterqueren eine **Bahnlinie** und gelangen an die **Tivolistraße**, wo wir auf den ersten **Wegweiser des RurUferRadwegs** stoßen. Wir überqueren die Tivolistraße. Im folgenden Abschnitt der Route bleiben wir immer am **Ufer der Rur** und gelangen an die **Straße Friedenau**; hier fahren wir **geradeaus weiter**, halten uns an einer **Gabelung rechts** und **überqueren** eine kleine **Holzbrücke**. An einer **Wegkreuzung** beginnt die **Siedlung** des Dürener **Ortsteils Kreuzau**. Die Wegweiser des RurUferRadwegs wollen uns nach links führen, wir aber biegen **rechts** ab auf einen **geschotterten Weg** an einer **Umzäunung** entlang. Danach radeln wir auf eine **Treppe** zu, biegen vor ihr **rechts** ab und unterqueren eine weitere Straße. Auf einem **Damm**, gesäumt von Birken, fahren wir an **Teichen** vorbei.

Der RurUferRadweg bei Düren

Die sechs denkmalgeschützten Mühlenteiche wurden im Spätmittelalter angelegt und dienten seinerzeit dem Betreiben von Mühlen und Kraftwerken. Sie sind keine Teiche im eigentlichen Sinne, sondern Fließgewässer, die von der Rur gespeist werden. Heute sind sie noch von Bedeutung für die ansässige Papierindustrie und beherbergen darüber hinaus eine reichhaltige Flora und Fauna.

Wir radeln weiter **geradeaus** auf dem **Radweg** am **Ufer** der Rur entlang. Kurze Zeit später queren wir den **Fluss** – im Verlauf der Route werden wir ein gutes Dutzend Mal das Flussufer wechseln. Die Rur ist hier durch eine **Insel** in zwei Arme geteilt. Am anderen Ufer radeln wir zunächst durch **Felder und Wiesen.** In der Ferne erblicken wir die ersten Erhebungen der Eifel: den Hürtgenwald.

Bei einer Gesamtfläche von 30.000 Hektar erreicht der Hürtgenwald eine Höhe um 400 Meter. Umfangreiche Kampfhandlungen im Zweiten Weltkrieg verursachten schwere Schäden, die in den 60er-Jahren bevorzugt mit Fichten wieder aufgeforstet wurden. Heute wachsen wieder vermehrt Buchen.

Nach der **Überquerung** einer Landstraße am **Ortseingang** von **Winden** geht es **geradeaus** weiter, unmittelbar am **Ufer der Rur** entlang. Auf einer **Brücke** eröffnet sich uns ein **herrlicher Blick** flussauf- und -abwärts. Auf der anderen Seite des Flusses durchqueren wir eine **Anlage für Dauercamper**, an denen wir **scharf rechts** abbiegen und erneut die **Rur** überqueren. Wir fahren nach **Untermaubach** hinein. An einer **Kreuzung** biegen wir links ab und fahren auf der **Rurstraße geradeaus**. Kurz hinter dem **Ortsausgangsschild** gegenüber der **Burg Untermaubach** (Privatbesitz, keine Besichtigung möglich) biegen wir links auf einen **Schotterweg** ab. Vor uns liegt das immer enger werdende Tal der Rur. Wir radeln **geradeaus** durch **Flussauen** über **Felder** und gelangen am **Ortseingang** von **Obermaubach** an eine **Landstraße**. Nach wenigen Metern auf dem **Radweg** neben der Landstraße biegen wir nach links auf einen großen **Parkplatz** ab. An dessen Ende folgen wir einem **schmalen Weg** erneut ans

Staubecken Obermaubach

Die beeindruckende Burg Untermaubach

Ufer der Rur, überqueren sie auf einer **Fußgängerbrücke** und gelangen an den Fuß der **Dammkrone Obermaubach.** Wir radeln den kurzen **Anstieg zur Staumauer** hinauf, wo wir eine **Fischtreppe** besichtigen können. **1 Staumauer Obermaubach; 15 km**

Hier können Fische auf natürliche Weise den Höhenunterschied überwinden, der durch den Bau der Staumauer entstanden ist. Die Treppe ist 200 Meter lang und gut einsehbar.

Wir kehren zurück zum Fuß der Staumauer und fahren direkt auf das **Restaurant Strepp am See** zu, das zu einer Rast einlädt. Für die Weiterfahrt lassen wir den Biergarten links liegen und radeln nach **rechts** am **Seeufer** entlang. Am Ende des Sees müssen wir einen **Anstieg** hinauf, werden aber danach mit einem **Ausblick** über das Staubecken Obermaubach für unsere Mühen belohnt. Danach rollen wir wieder **ins Tal** hinab, an einem **Pferdehof** vorbei und dann einen leichten **Gegenanstieg** hoch. Nun wird das Rurtal richtig eng. Es ist vollkommen straßenfrei, der Fluss wild und naturbelassen und unser Weg recht idyllisch. Wir befinden uns mitten im **Naturschutzgebiet Mündungsbereich Staubecken Obermaubach.**

Seit dem Jahr 2000 genießen hiesige Pflanzen und Tiere Schutz. Haubentaucher und Blässralle suchen hier nach Nahrung, und unter Wasser lauern Forelle und Äsche auf Insekten, die über Wasser ihre Flugkünste demonstrieren.

Wir überqueren die **Rur** auf einer recht modernen **Brücke** und kürzen über einen **Anstieg** eine **Flussschleife** der Rur ab. Auf der folgenden **Abfahrt** passieren wir einen weiteren **Pferdehof** sowie eine weitere **Brücke** und erreichen **Gut Kallerbend** mit seinem idyllischen **Biergarten**. Wir radeln **geradeaus** auf dem **geteerten Wirtschaftsweg** weiter. An einer **scharfen Rechtskurve** biegen wir links ab zum **Haltepunkt Zerkall** der Rurtalbahn. Kurz **vor** den **Gleisen** fahren wir rechts in einen kleinen **unbefestigten Weg**, queren erneut die **Rur** und erreichen den **Nationalpark-Infopunkt Zerkall** des Nationalparks Eifel. Hier erhalten wir Getränke und können uns über den Nationalpark informieren.

2 Nationalpark-Infopunkt Zerkall; 20 km

Im ersten Nationalpark von NRW leben auf 110 Quadratkilometern u. a. die Wildkatze, der Schwarzstorch und die seltene Mauereidechse.

Unser Weg führt **rechts** am Infopunkt Nationalpark **vorbei** und mündet direkt hinter dem Gebäude auf eine **Landstraße**. Hier biegen wir links ab und folgen der wenig befahrenen Straße bis in den **Nideggener Ortsteil Brück** hinein. Kurz hinter dem Ortseingang liegt auf der rechten Seite der alte **Bahnhof Nideggen-Brück**. Hier können wir in der **Biologischen Station Düren** die **Dauerausstellung „Rur und Fels"** besuchen.

In der Ausstellung präsentieren sich den Besuchern die Bewohner zweier Lebensräume, wie sie unterschiedlicher nicht sein könnten: Mittelgebirgsfluss und Buntsandsteinfelsen. Erdgeschichtlich erst gestern, vor 2 Millionen Jahren, grub sich die Rur als Urstrom in die Landschaft und modellierte das Relief der heutigen Felslandschaft heraus. Hier sind über 60 Moosarten und Felsheiden beheimatet wie auch Fledermäuse und der Uhu, die größte Eule Europas.

An der Rur entlang in den Nationalpark Eifel

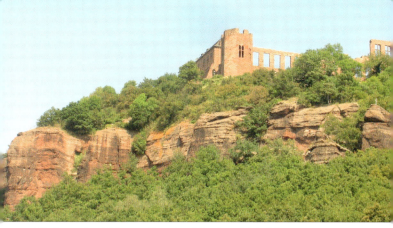

Die Burgruine Nideggen thront auf Buntsandsteinfelsen

Im Ort Brück biegen wir in einem **Kreisverkehr links** ab **Richtung Nideggen,** überqueren ein weiteres Mal die **Rur** und wenden uns gleich hinter der **Brücke** nach rechts auf den asphaltierten **Schüdderfelder Weg.** Wir befinden uns nun direkt unterhalb von Nideggen mit seiner auf dem Buntsandsteinfelsen erbauten **Burg.** (Leider ist ein Abstecher zur Burg und damit auf den Felsen mit einer Tour-de-France-tauglichen Auffahrt in Serpentinen verbunden. Der steile Fußweg zur Burg beginnt hier; er ist in ca. 35 Minuten zu bewältigen.) Unsere Radtour geht am **steilen Ufer** der Rur weiter und führt in einen **Wald.** Der Weg weist hier eine kurze **starke Steigung** auf. Am Ende knickt der Weg **scharf nach rechts** ab, und es geht in eine erfrischende **Abfahrt.** Diese sollten wir aber nach wenigen Metern unterbrechen, um einen Blick zurück auf die Felsformationen unterhalb der Nideggener Burg zu werfen. Nun geht es **waldig auf und ab.**

Wir rollen weiter **zum Ufer der Rur** hinunter und gelangen am Fluss entlang nach **Abenden** mit seinem **historischen Dorfkern.** An einer **T-Kreuzung** biegen wir rechts ab auf die **Palanderstraße** und erreichen eine **Brücke** über die **Rur.** An dieser Stelle biegen wir von der Brücke weg **links** und wenige Meter später **rechts** ab. An diesem **Abzweig** befindet sich das **Café Jansen,** das sich hervorragend für eine Pause bei Kaffee und Kuchen eignet. Wir fahren an **Fachwerkhäusern** vorbei bergauf aus

Ausblick in das Rurtal

Abenden hinaus, kommen an eine **Landstraße** und folgen **rechts** dem **Radweg** an der Straße entlang bis nach **Blens**. Die **Wegweiser des RurTalRadweges** führen uns am **Ortseingang scharf rechts** von der Landstraße weg in den **Ort** hinein. Wir überqueren ein weiteres Mal die **Gleise** der Rurtalbahn und sowie die **Rur** und erreichen den **Ortskern** von **Blens**. Den folgenden **Hügel** nehmen wir auf der **Sankt-Georg-Straße** nach **links** aus dem Ort hinaus mit Enthusiasmus in Angriff, weil uns oben angekommen ein weiterer **spektakulärer Ausblick** auf die Felsformationen des Rurtals erwartet. **3 Ausblick Rurtal; 30 km**

Unsere Route geht auf der **Landstraße** weiter, wir rollen wieder ins Tal hinab und **über die Rur** nach **Hausen**. Am **Haltepunkt Hausen** der Rurtalbahn treffen wir wieder auf eine **Landstraße**, biegen nach **rechts** ab und folgen einem **Radweg**. Nachdem wir die **Gleise** der Rurtalbahn **überquert** haben, weist uns die **Beschilderung** wenige Meter weiter **scharf** nach **rechts** von der Landstraße weg zur Rur hin. Wir befinden uns hier im südlichen Teil des **Naturschutzgebietes Ruraue**.

Im Bereich des Naturschutzgebietes Ruraue von Heimbach bis Obermaubach *ist die Rur ein temperamentvoller Mittelgebirgsfluss. Biber, Bachneunauge und der sogar in der Strömung blühen-*

de Wasserhahnenfuß zeugen von einem naturnahen Lebensraum. Die Talauen mit ihren fruchtbaren Böden und Auwäldern sind schon vor Jahrhunderten dem bäuerlichen Kulturland gewichen. Ein schmaler Ufersaum aus Schwarzerlen mit Glockenblumen, Eisenhut und verschiedenen Weiden verblieb als Rest der Ursprungsvegetation.

Wir **queren** den **Fluss** ein vorletztes Mal und biegen gleich nach der **Brücke links** ab. Nun radeln wir auf einem **asphaltierten Wirtschaftsweg** direkt am **Fluss** entlang bis nach **Heimbach**. Wir fahren zwischen **Sportanlage** und **Freibad** in den Ort hinein, biegen an der ersten **T-Kreuzung links** ab und gelangen über einen **leichten Anstieg** an eine weitere **T-Kreuzung.** Hier fahren wir **links bergab**, überqueren ein letztes Mal die **Rur** und kommen an einen **Kreisverkehr.** Diesen verlassen wir nach **halb links,** lassen die **Tankstelle** rechts liegen und erreichen den **Bahnhof Heimbach,** von wo wir die **Rückfahrt** nach Düren in Angriff nehmen können. Empfehlenswert ist aber, ein wenig Zeit mitzubringen und am **Kreisverkehr** nach rechts abzubiegen, um einen Bummel durch den historischen **Ortskern von Heimbach** zu machen.

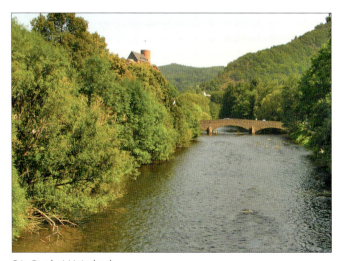

Die Rur bei Heimbach

NATUR TOUR 04

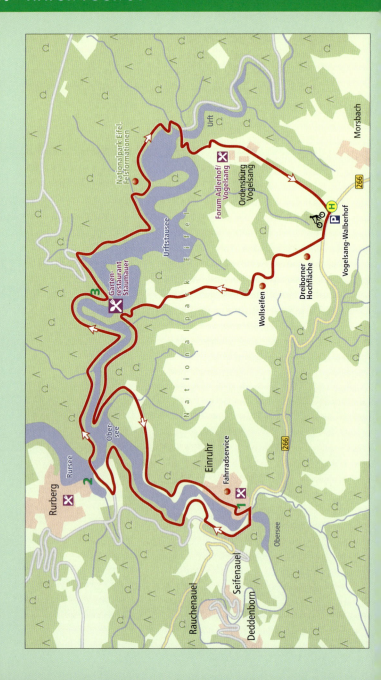

Vogelsang, drei Talsperren und der Nationalpark Eifel
Eine Radtour durch die Natur der Nordeifel

Diese Tour führt uns zunächst über eine Hochfläche, die wunderbare Ausblicke über den Nationalpark Eifel bietet. Nach einer steilen Abfahrt ins Urfttal radeln wir unmittelbar am Obersee entlang durch einen wilden Mischwald. Wir passieren die beliebten Ausflugsorte Einruhr und Rurberg mit ihren pittoresken Fachwerkhäusern. Im Anschluss fahren wir, nur begleitet vom See und neben uns steil ansteigenden Wäldern, durch den Nationalpark Eifel zur Urfttalsperre. Nach einer weiteren Passage an spektakulären Felsformationen entlang erreichen wir über eine Brücke den *Internationalen Platz Vogelsang*.

Start und Ziel: **Bushaltestelle Vogelsang-Walberhof, an der B 266 zwischen Einruhr und Gemünd an der Einfahrt zum *Internationalen Platz Vogelsang***

Pkw: **A 1 Richtung Blankenheim, Ausfahrt 111/Wißkirchen; B 266 Richtung Schleiden/Gemünd; ab Gemünd B 266 Richtung Einruhr; am Kreisverkehr an der Einfahrt zum *Vogelsang ip* (beschildert) rechts auf den Parkplatz**

ÖPNV: **Fahrradbus ab Aachen-Hauptbahnhof bis Haltestelle Vogelsang-Walberhof (Mai bis Oktober), www.avv.de**

Strecke: **Rundtour; ca. 30 Kilometer/4 Stunden**

Streckenprofil: **Autofrei, gut ausgebaute Radwege, im Bereich des Nationalparkgeländes auch schon mal etwas gröberer Untergrund. Ein sehr steiler Anstieg**

Einkehr: **Diverse Einkehrmöglichkeiten in Einruhr und in Rurberg; Gartenrestaurant Staumauer, Urftstaumauer, Tel. (0 24 21) 5 70 47; Gastronomie im Forum Adlerhof (im *Internationalen Platz Vogelsang*), 53937 Schleiden, Tel. (0 24 44) 91 25 89**

Am Wegesrand: **Dreiborner Hochfläche; Geisterort Wollseifen; Urftstausee; Obersee; Rursee; Nationalpark Eifel; Felsformationen; Vogelsang ip, Forum Vogelsang, 53937 Schleiden, Tel. (0 24 44) 91 57 90, www.vogelsang-ip.de**

Fahrradservice: **Einruhr Verkehrsbüro, Franz-Becker-Straße 2, 52152 Simmerath (Einruhr), Tel. (0 24 73) 3 17 (Verleih)**

Wir starten an der **Bushaltestelle Vogelsang-Walberhof** in unser Nationalpark-Abenteuer. Sie befindet sich an einem **Kreisverkehr** der **B 266** zwischen Einruhr und Gemünd.

Direkt gegenüber der Einfahrt des Parkplatzes fahren wir an einer **Informationstafel** vorbei auf einem **geschotterten Radweg** parallel zur **B 266** in **Richtung Wollseifen**, rollen durch eine **Senke** hindurch und erreichen eine **Gabelung**. Hier biegen wir rechts ab, weg von der Bundesstraße, fahren aber weiter in **Richtung Wollseifen**. Wir befinden uns auf einem Plateau, der **Dreiborner Hochfläche**, und radeln mit wunderbaren **Ausblicken** über Hochfläche und Umland geradeaus weiter.

Die Dreiborner Hochfläche ist eine Waldsteppenlandschaft. Sie besteht aus weiten Wiesenflächen und Ginsterheiden, die von vereinzelten kleinen Wäldern durchzogen werden. Rotwild, Reh, Fuchs und Wildschwein leben hier genauso wie zahlreiche Vögel und Schmetterlinge. Besonders schön zeigt sich die Dreiborner Hochfläche, wenn im Mai und Juni die Ginsterbüsche („Eifelgold") gelb erblühen.

An einer links des Weges gelegenen **Kapelle** fahren wir geradeaus weiter bis an eine **Gabelung**, an der wir uns links halten und damit in **Richtung Wollseifen** auf der Hochfläche bleiben. Hinter einer **Rechtskurve** erreichen wir das **Geisterdorf Wollseifen**. An einer **Kreuzung** fahren wir **geradeaus** weiter und biegen wenige Meter weiter an der nächsten **Kreuzung** links ab. Auf dem recht natürlich gestalteten Weg passieren wir die links des Weges gelegene **Kirchenruine** von Wollseifen, St. Rochus.

Das Dorf wurde 1946 von der britischen Besatzungsmacht geräumt, weil es der Errichtung des Truppenübungsplatzes im Wege stand. Die Bewohner mussten sich innerhalb kürzester Zeit ein neues Zuhause suchen. Seit Aufgabe des Truppenübungsplatzes erobert die Natur Wollseifen. Außerdem bestehen Bemühungen, die Ruine der alten Kirche in einen Ort der Besinnung und des Gedenkens umzuwandeln.

Wir lassen die Kirche links liegen und radeln an einigen Gebäuden vorbei **geradeaus** aus dem Ort hinaus. Unsere Strecke wird

Auf der Dreiborner Hochfläche

ab hier geprägt von recht **grobem Untergrund,** der jedoch mit einem handelsüblichen Trekkingrad gut, aber mit Vorsicht zu befahren ist. Ein Schild in **Richtung Urftstaumauer** weist uns nach rechts eine kurze **Gefällstrecke** hinab. Danach fahren wir weiter auf der **Dreiborner Hochfläche** und genießen die **Ausblicke** auf den Nationalpark und den *Internationalen Platz Vogelsang*. Wir folgen dem Weg, bis er steiler wird, und fahren sehr vorsichtig einen **Berg hinab** bis an eine **T-Kreuzung.** Hier biegen wir links ab und müssen einen **kurzen Anstieg** hinauf. Danach geht es weiter recht steil talwärts bis an eine **Gabelung,** an der rechts ein **Aussichtspunkt** und **links** der weitere Weg bergab auf uns wartet. Am Aussichtspunkt sehen wir direkt vor uns die **Staumauer der Urfttalsperre,** rechts davon den **Urftstausee** und links der Mauer den **Obersee,** der den unterhalb liegenden Rursee vom Urftstausee trennt. Gut überschauen können wir auch, wie sich die Stauseen durch das Urfttal und den umliegenden Nationalpark schlängeln.

NATUR TOUR 04

Blick über den Rurseee

Die Stauseen Urfttalsperre, Obersee und Rursee bilden einen Verbund und werden lediglich durch Staumauern voneinander getrennt. Am Urftstausee siedeln Kolonien brütender Graureiher und Kormorane. Weitere typische Brutvögel sind Stockenten und Haubentaucher. Auch exotische Arten sind hier bereits heimisch: Nil- und Kanadagänse wurden beim Brüten beobachtet. Das Nahrungsangebot der Urfttalsperre lockt zudem im Umfeld brütende Tiere wie den Rotmilan und den in Nordrhein-Westfalen seltenen Schwarzmilan oder auch verschiedene Fledermausarten an.

Das folgende stark abschüssige Wegstück bis ans Ufer des Sees sollten wir sicherheitshalber (und wie per Schild empfohlen) schiebend bewältigen. Am **Ende des Gefälles** erreichen wir hinter einer **Spitzkehre** nach links **Uferniveau** und radeln ab jetzt sehr beschaulich direkt am **Rand des Sees** entlang. Links steigen steile bewaldete Hänge empor, die rechts des Weges nach wenigen Metern am Ufer des Sees enden. An einer weiteren **Spitzkehre** haben wir von einer **Bank** aus einen schönen Blick auf den Obersee. Auf dem folgenden Streckenabschnitt entfernen wir uns ein wenig vom Ufer des Sees und durchqueren eine **offene Wiesenlandschaft.**

Vogelsang, drei Talsperren und der Nationalpark Eifel

Wir radeln durch **Obst- und wilde Blumenwiesen** und erreichen den Ausgang des ehemaligen Militärgeländes. Wir erkennen dies an einem großen **Tor** und einem verlassenen Wachhäuschen.

1 Einruhr; 11 km

Nach einiger Zeit rollen wir an einem **Parkplatz** entlang nach **Einruhr** hinein. Wir folgen der **Rurstraße** geradewegs in das Dorf und auf die **Kirche** zu; dort biegen wir **rechts** ab in die **Straße Am Obersee,** die uns bis ans **Seeufer** führt. Wir fahren nach **links** am Wasser entlang weiter und können zwischen **verschiedenen Lokalen** für eine Rast wählen. Bis an eine **T-Kreuzung** (rechts liegt ein Parkplatz) bleiben wir auf der **Straße Am Obersee,** biegen dann **rechts** und an der nächsten Möglichkeit erneut **rechts** ab, um den **See** zu **überqueren.** Am anderen Ufer **kreuzen** wir an einer **Verkehrsinsel** die **Straße** und folgen ihr **geradeaus** einen **Anstieg** hinauf. An einem rechts der Landstraße gelegenen **Wanderparkplatz** überqueren wir die Straße und radeln am linken Ende des Parkplatzes in einen **Wirtschaftsweg** hinein. Nun geht es wieder immer am **Ufer** entlang. (Einmal müssen wir für ein paar Meter schieben, weil ein Felsen aus dem Wasser hinausragt und uns eine **kurze, nicht fahrbare Passage** zu Fuß bergauf zwingt.) Oben angekommen rollen wir weiter und erreichen schon bald **asphaltierten Untergrund,** dem wir bergab bis an eine **T-Kreuzung** folgen, wo wir **rechts** abbiegen. Sanft rollen wir nun weiter bergab, an **Parkplätzen** vorbei bis an den **Rursee.** Links des Weges, jenseits des Wassers, liegt der **Ort Rurberg.**

2 Rurberg; 16 km

Unsere Route führt aber **geradeaus** weiter auf den **Staudamm Paulushof** vom Obersee. (Dieser trennt den Rursee von der Urfttalsperre.) Wir überqueren die **Staumauer,** biegen am **anderen Ufer** rechts ab in **Richtung Urfttalsperre** und fahren von nun an auf einem **Schotterweg,** immer am **Seeufer** des Obersees entlang, in den **Nationalpark Eifel** hinein.

Der Nationalpark Eifel wurde zum 1.1.2004 eingerichtet und umfasst ein 110 Quadratkilometer großes Gebiet. Zu den verschiedenen Lebensräumen im Nationalpark Eifel gehören Wälder, Grünland, Gewässer, Felsen und Heiden, Ginstergebüsche, Moore und Feuchtheiden. Unter anderem beherbergt der Nationalpark Populationen von Wildkatzen und Bibern.

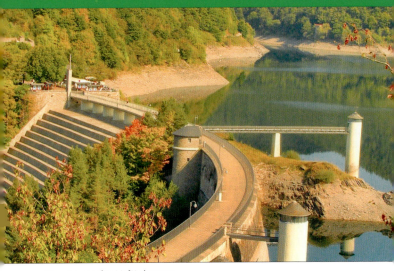

Staumauer der Urfttalsperre

Links des Weges erheben sich nun imposante, mit **Buchen** und **Eichen** bewachsene **Steilhänge.** Die Bäume werden hier nur wenige Meter groß – der felsige Untergrund könnte höheren Bäumen nicht den notwendigen Halt geben. Rechts des Weges haben wir immer wieder **Ausblicke** über den Obersee, der sich wie eine Schlange durch das **Urfttal** windet. Zunächst fahren wir fast eben auf Höhe des Seeufers weiter. Nach einiger Zeit führt uns dann der Weg ein wenig in den Berg hinein und aus dem Wald hinaus: Wir fahren am Ende einer **Steigung** in die **Siedlung Obersee** hinein. Der nun **asphaltierte Weg** bringt uns **geradeaus** bis an die **Staumauer der Urfttalsperre.** Hier befindet sich auch das **Gartenrestaurant Staumauer** mit seinem schönen Biergarten.

3 Staumauer; 20 km

Wir lassen Restaurant und Staumauer rechts liegen und folgen der **kleinen Straße** nach links aus dem Ort hinaus. Hier genießen wir den Rundblick in den Nationalpark und auf die Burg Vogelsang. Unsere Route verläuft weiter immer am **See entlang.** In einer **Bucht** folgen wir an einer **scharfen Rechtskurve** einem **Wegweiser** in **Richtung Gemünd** nach rechts. Wir fahren nun durch ein **Tor** wieder in das ehemalige Militärübungsgelände hinein. Die **asphaltierte Straße** wird zum **Schotterweg,** dem wir

Vogelsang, drei Talsperren und der Nationalpark Eifel

weiter am **Ufer** entlang folgen. Links des Weges türmen sich immer wieder **imposante Felsformationen auf.**

Felsen finden wir an vielen Stellen im Nationalpark Eifel: entweder zerstreut als Blockfelder im Eichenwald oder einzeln stehend, als den Wald überragende Felskomplexe. Am auffälligsten sind sie hier am Weg entlang der Urfttalsperre ausgeprägt.

Unser Weg schlängelt sich am **Ufer** des Sees entlang bis zu einer **Brücke.** Auf ihr **überqueren** wir den **Urftstausee.** Am **anderen Ufer** müssen wir einen **Anstieg** hinauf, um zur **Burg Vogelsang** zu gelangen. Leider haben die Radwegebauer hier wenig Gnade walten lassen: Der Anstieg ist unglaublich steil. Wir passieren einen **Sportplatz,** erreichen eine **Gabelung** und fahren nach links weiter. An dieser Stelle haben wir auch schon die ersten **Gebäude der Burg** erreicht.

Die von den Nationalsozialisten „Ordensburg" genannte Burg Vogelsang wurde ab 1934 errichtet und diente zur Schulung des NSDAP-Parteinachwuchses. 1945 wurde sie von den Alliierten besetzt und war Kaserne und Truppenübungsplatz. Seit 2006 wird die Anlage zum Internationalen Platz Vogelsang *umgestaltet, einem Bildungs- und Kulturzentrum, mit Ausstellungen und zahlreichen Bildungsangeboten. Das denkmalgeschützte Gebäudeensemble kann besichtigt werden. Lohnend ist auch ein Aufstieg auf den Turm: Der Blick von hier aus über den Nationalpark ist überwältigend.*

Links an den Häusern vorbei geht es leider noch ein Stück **bergauf** bis zu einer **weiteren Gabelung.** Vor uns mündet der Weg auf eine **Straße;** nach **rechts** kommen wir zum *Internationalen Platz Vogelsang,* hier bietet sich im **Forum Adlerhof** auch die Möglichkeit zu einer Einkehr vor dem Ende unserer Tour.

Wir fahren nach **links** weiter und erreichen die **Vorgebäude** von **Vogelsang.** Durch ein **monumentales Einfahrtstor** radeln wir weiter **geradeaus** auf der nun **vierspurigen Zufahrt** und durchfahren eine **Schranke.** Wir erreichen den **Kreisverkehr** und damit den **Ausgangspunk**t unseres Abenteuers, die **Bushaltestelle** Vogelsang-Walberhof.

GENUSS TOUR 01

Rund um die Kaiserstadt Aachen
Printen und Heilwasser, Karl der Große und heiße Quellen

Wir fahren einmal rund um Aachen, eine Stadt, in der bereits die Römer siedelten und Karl der Große eine Pfalz errichtete. Dabei lernen wir Aachener Spezialitäten kennen, besuchen einen historischen Garten und radeln an dampfenden Brunnen vorbei. Ein innerstädtischer Bach lädt uns zum Verweilen und ein am Wegesrand liegendes Thermalbad zum Baden ein. Am höchsten Punkt der Runde können wir über der Stadt thronend ein Picknick einlegen. Außerdem durchqueren wir den Aachener Stadtwald und ein altes Kurviertel.

Start und Ziel: Hauptbahnhof Aachen
Pkw: A 44 oder A 4 bis Autobahnkreuz Aachen; A 544 Richtung Aachen Zentrum; am Kreisverkehr Europaplatz geradeaus bis Ampel, links auf Jülicher Straße; links auf Heinrichsallee; wird zur Wilhelmstraße; rechts Richtung Bahnhof auf Römerstraße; am links gelegenen Bahnhof vorbei; Parkhaus linke Straßenseite
ÖPNV: Verschiedene RE von Köln- bzw. Düsseldorf-Hbf
Strecke: Rundtour; ca. 35 Kilometer/4 Stunden
Streckenprofil: Hügelige Tour, meist auf Radwegen, einige unvermeidbare Passagen auf Straßen. Teilweise ausgeschildert mit Wegweisern des Radverkehrsnetzes NRW
Einkehr: **Café Einstein,** Lindenplatz 17, 52064 Aachen, Tel. (02 41) 4 88 48; **Restaurant Sieben-Quellen-Hof,** Schurzelter Straße 213, 52074 Aachen, Tel. (02 41) 1 29 70; **Bonnies Hofladen,** Strüverweg 72, 52070 Aachen, Tel. (02 41) 15 11 31 (So geschl.); **Restaurant Haus Ruland,** Kalkbergstraße 198, 52080 Aachen-Verlautenheide, Tel. (0 24 05) 31 69; **Restaurant Kohlibri,** Neuenhofstraße 160, 52078 Aachen, Tel. (02 41) 5 68 85 00; **diverse Einkehrmöglichkeiten in Burtscheid**
Am Wegesrand: **Elisenbrunnen; Printenbäckereien; Lindenplatz; Karlsgarten; Rabentalwiese; Carolus-Thermen; Panoramablick über Aachen; Stadtwald; Kurviertel Burtscheid**
Fahrradservice: **Radstation Aachen,** Zollamtsstraße 3, 52064 Aachen, Tel. (02 41) 45 01 95 02 (Verleih, Reparatur, Parken)
Berührungspunkt: **Mit Tour G 04**

Pferdeskulptur des Aachener Bildhauers Bonifatius Stirnberg vor dem Hauptbahnhof

Wir starten auf dem **Vorplatz des Aachener Hauptbahnhofs.** Auf der rechten Seite des Vorplatzes erblicken wir eine **Skulptur** galoppierender Pferde. Daran vorbei überqueren wir die Straße an einer **Fußgängerampel.** Auf der anderen Seite schieben wir ein paar Meter, bis wir auf die **Straße Bahnhofsplatz** treffen, und biegen nach links ab. Schon nach wenigen Tritten wenden wir uns nach rechts und rollen die **Leydelstraße** hinab. An deren Ende biegen wir nach **rechts** ab in die **Wallstraße.** Wir kommen an eine **Kreuzung,** an der wir über eine **Verkehrsinsel** die **Theaterstraße** queren, und fahren schräg gegenüber in die **Schützenstraße** hinein. Am Ende biegen wir links ab in die **Schildstraße,** rollen bergab bis an eine **Kreuzung** und fahren schräg links gegenüber geradeaus weiter in die Sackgasse **Wirichsbongardstraße.** Diese wird zur **Fußgängerzone,** der wir folgen. An der nächsten **Kreuzung** queren wir eine Straße über einen Zebrastreifen; dort sprudelt in einem klassizistischen Bau zur Rechten der **Elisenbrunnen.**

In der offenen Wandelhalle des Brunnens können wir das stark schwefelhaltige 52 Grad warme Heilwasser der Kaiserquelle kosten, die seit mehr als 2000 Jahren genutzt wird. Bereits die Römer errich-

teten hier aufgrund ergiebiger Quellaustritte ausgedehnte Bäderanlagen. Im Mittelalter war die Kaiserquelle im Besitz der jeweils herrschenden Könige. Auch heute noch wird ihr Wasser genutzt: Es wird von der Kaiserbrunnen AG als Mineralwasser abgefüllt.

Auf unserer Weiterfahrt lassen wir den Elisenbrunnen rechts liegen und fahren geradeaus, eine **gepflasterte Straße** entlang. Am rechts gelegenen **Geldbrunnen** biegen wir links ab auf den **Münsterplatz**, den wir **diagonal queren**. Am anderen Ende des Platzes biegen wir nach rechts in eine **schmale Gasse** ein, die direkt am **Dom** entlang verläuft. Wir fahren nach links über den **Domhof** und gelangen durch ein **eisernes Tor** auf eine **gepflasterte Straße**, der wir folgen. An einer **Gabelung** halten wir uns rechts in die **Klappergasse** und biegen an einer **T-Kreuzung** rechts ab auf die **Jakobstraße**.

Wir befinden uns mitten in der Altstadt. Falls wir für unsere weitere Radtour noch ein wenig Proviant benötigen: Ein besonderer Genuss ist die Aachener Printe, ein Lebkuchengebäck. Wir erhalten sie in fast allen Bäckereien der Stadt und in vielen Geschmacksvarianten. Auch die Form der Printe variiert: Während früher häufig religiöse Motive verwendet wurden, bestimmten im frühen 19. Jahrhundert französische und danach preußische Soldatenmotive die Printenform. So konnte man, zumindest symbolisch, den ungeliebten Besatzern den Kopf abbeißen.

Wir folgen der **Jakobstraße** bis an einen **Abzweig**, an dem wir nach links in die **Judengasse** abbiegen. Diese rollen wir hinab, gelangen an eine **T-Kreuzung** und fahren nach links in **Richtung Dreiländerpunkt**. Anschließend gelangen wir über eine **Kopfsteinpassage** auf den sich vor uns öffnenden **Lindenplatz**. Hier können wir auf der Terrasse des rechts gelegenen **Cafés Einstein** eine Erfrischung zu uns nehmen.

In Aachen verlaufen fast alle Bäche unterirdisch. An einigen Stellen wurden sie vor ein paar Jahren ans Tageslicht geholt, so auch der Augustinerbach, der vom Lindenplatz aus für etwa einen Kilometer offen durch die Innenstadt fließt.

Kräuter und Stauden umfasst von Hecken: der Karlsgarten

Mit dem Bach queren wir den **Lindenplatz** und erreichen auf der anderen Seite des Platzes die **Johanniterstraße,** auf der wir geradeaus bis an eine **Ampel** radeln. Dort fahren wir weiter geradeaus auf der **Lochnerstraße** und erreichen eine weitere **Ampel.** Wir folgen der Beschilderung in **Richtung Dreiländerpunkt** und bleiben geradeaus weiter auf der **Lochnerstraße** bis zu einer scharfen **Linkskurve,** in der wir geradeaus in einen Park, den **Westpark,** hineinfahren. Hier geht es links an einem Weiher vorbei, an dessen Ende geradeaus und so an den **Ausgang des Parks** und in die **Weststraße.** Auch hier fahren wir weiter geradeaus, ignorieren einen Abzweig nach links und radeln in einem **Rechts-/Linksknick** unter einer **Brücke** hindurch. Wir passieren einen **Fußballplatz** und erreichen die **Vaalser Straße.** Hier verlassen wir die Wegweisung in Richtung Dreiländerpunkt (**BP mit Tour G 04**) und biegen rechts ab auf den **Radweg** entlang der stark befahrenen **Vaalser Straße.** Wir fahren auf dem Radweg geradeaus unter zwei **Brücken** her, ignorieren zwei Abzweige nach rechts und gelangen an eine **Kreuzung.** Hier biegen wir rechts ab in den **Neuenhofer Weg.** Wir fahren an einem rechts gelegenen **Fußballplatz** vorbei und biegen gleich darauf nach rechts ab in einen schmalen **Radweg.** Auf diesem radeln wir **geradeaus** und ignorieren sämtliche Abzweige, bis wir auf eine **gepflasterte Straße** stoßen. Wir wenden uns nach links und biegen am Ende der **Kopfsteinpflasterpassage** rechts ab. Nachdem wir dem nunmehr geschotterten Weg ein Stückchen gefolgt sind, sehen wir auf der linken Seite des Weges den **Karlsgarten.**

Der Karlsgarten zeigt uns die Pflanzen, die im Kapitel 70 des Ca-pitulare de villis vel curtis imperii, der Verordnung über die Krongüter und Reichshöfe Karls des Großen, aufgelistet sind. Sie schrieb vor, dass ein Garten mit den aufgezählten Pflanzen überall dort angelegt werden musste, wo der Kaiser mit seinem Gefolge regelmäßig Einkehr hielt. Im Garten finden wir neben vielen Gewürz- und Heilpflanzen auch Gemüse und Obstgehölze, außerdem Pflanzen, mit deren Wirkstoffen man sich in Rauschzustände versetzen konnte, oder solche, mit denen Stoffe gefärbt oder bearbeitet wurden, sowie Kräuter gegen unliebsame Insekten und Nager.

Wir fahren den **geschotterten Wirtschaftsweg** am Karlsgarten vorbei ein Stückchen bergauf, biegen an einer **T-Kreuzung** links ab und rollen **bergab.** An einem rechts des Weges gelegenen **weißen Häuschen** erreichen wir einen Zugang zur links gelegenen **Rabentalwiese.**
1 Rabentalwiese; 12 km

Auf dieser Wiese hat der Freundeskreis Botanischer Garten *die Möglichkeit für einen ganz besonderen Genuss geschaffen: Mehrere überdimensionale Gras-Sofas laden zum Verweilen ein und bieten einen ungestörten Blick über Obstbäume, Biotop und den in der Ferne sichtbaren Schneeberg.*

Wir lassen die Rabentalwiese links liegen und fahren auf dem **Schotterweg** geradeaus weiter, bis wir auf eine **Landstraße** treffen. Hier folgen wir einem **Wegweiser** in **Richtung Schloss Rahe** nach rechts und radeln auf dem **Radweg** entlang der Landstraße geradeaus weiter. Zunächst durchqueren wir die **Siedlung Seffent** und passieren das **Restaurant Sieben-Quellen-Hof.**

GENUSS TOUR 01

Raus aus dem Alltag und rein in die Carolus-Thermen

Hier serviert man den rheinischen Sauerbraten in seiner Aachener Variante mit Printensoße. Nachdem wir Seffent hinter uns gelassen haben, durchqueren wir **landwirtschaftlich genutztes Gebiet** und folgen der Straße um eine **scharfe Rechtskurve**. In einiger Entfernung erblicken wir eine **Eisenbahnbrücke,** unter der wir dann hindurchradeln. Direkt hinter der Brücke fahren wir geradeaus in eine **Siedlung** hinein und biegen an einer **Kreuzung** rechts ab in die **Teichstraße**. An deren Ende wenden wir uns nach links in die **Schlottfelderstraße** und erreichen bald eine **T-Kreuzung**. Wir überqueren die **Roermonder Straße** und biegen schräg gegenüber in die **Schloss-Rahe-Straße** ab. Diese führt uns durch einen **Tunnel** in das **Landschaftsschutzgebiet Soers**. Wir folgen der Straße, biegen hinter einer **scharfen Rechtskurve** rechts ab **Richtung Aachen-Haaren** und nähern uns einem **Bauernhof**. Unmittelbar vor dem Gehöft biegen wir links ab auf einen **geschotterten Weg** und gelangen an einen **Stauweiher.** Dort fahren wir in eine **Unterführung** hinein und begleiten danach einen kleinen **Bach** bis an eine **T-Kreuzung,** an der wir uns nach links wenden. An einer weiteren T-Kreuzung erreichen wir die **Schlossparkstraße** und biegen rechts ab. An einer **Gabelung** schwenken wir nach rechts auf den **Strüverweg** ab und erreichen kurz nach einer **Tempo-30-Zone** den auf der linken Straßenseite gelegenen **Bauernhof Bonnie,** wo wir im **Hofladen** Produkte der Region erstehen können. Wir fahren weiter geradeaus und folgen der Straße um einen **Linksknick,** an dem der **Strüverweg** zum **Purweider Weg** wird. Geradeaus radelnd erreichen wir eine **Ampel,** halten die Richtung und erblicken kurz vor einer weiteren **Ampel** ein **Schild** in Richtung **Carolus-Thermen,** dem wir folgen.

Der Badegenuss in Thermalgewässern hat in Aachen eine über 2000 Jahre lange Tradition. Es waren römischen Legionen, die die ersten Badehäuser errichteten. Danach schätzten Karl der Große und sein Vater Pippin die wohltuende Wirkung der heißen Quellen und errichteten eine Pfalz im Aachener Talkessel. Ab dem 13. Jahrhundert sorgten die heißen Quellen für einen regen wirtschaftlichen Aufschwung; erst im 19. Jahrhundert verlor Bad Aachen zunehmend an Bedeutung. Mit der Eröffnung der Carolus-Thermen im Jahr 2001 wurde die lange Tradition der Badekultur in Aachen fortgesetzt.

Wir fahren geradeaus weiter und biegen an der ersten Möglichkeit **links** ab in die **Ungarnstraße.** Auf dieser bleiben wir bis an eine **T-Kreuzung** und biegen rechts ab. Wir rollen einen Berg hinab und kommen an eine **Ampel,** an der wir die stark befahrene **Jülicher Straße** überqueren. Direkt gegenüber folgen wir der **Dennewartstraße** und erreichen die **Joseph-von-Görres-Straße.** Wir überqueren diese und fahren auf der gegenüberliegenden Seite auf einem **Radweg** nach rechts weiter. Bereits nach wenigen Metern erreichen wir den **Europaplatz,** einen großen **Kreisverkehr** mit einem mächtigen **Springbrunnen** in seiner Mitte. Hier biegen wir links ab, radeln auf dem **Radweg** ein Stückchen weiter und biegen vor einer **Gefällstrecke** links ab in

Herbstlicher Blick über Aachen

einen **schmalen Radweg.** Ein leider recht **zugewachsener Wegweiser** lenkt uns in **Richtung Aachen-Haaren.** Wir rollen auf dem Radweg an dem rechts des Weges verlaufenden **Bach Wurm** und an links gelegenen **Schrebergärten** entlang bis an eine **Brücke.** Wir überqueren die Wurm und biegen am anderen Ufer links ab, wo der Weg zum **Schotterweg** wird. Wir entfernen uns vom Bach und erreichen eine **T-Kreuzung,** an der wir links abbiegen. Kurz vor einer **Brücke** biegen wir nach rechts ab. Nun fahren wir wieder am **Bach** entlang, unter einer **Straße** her und erreichen in einem **Park** eine **Gabelung.** Hier halten wir uns rechts in **Richtung** eines **Wegweisers nach Eilendorf,** fahren an einem links gelegenen **Weiher** vorbei und gelangen zu dem **Wendehammer** einer Sackgasse. Noch in diesem Wendehammer fahren wir nach links über einen **Bahnübergang** und erreichen ein **Wohngebiet.** Nun geht es geradeaus bis an eine **T-Kreuzung,** an der wir schräg gegenüber auf der **Akazienstraße** weiterfahren. An einer **Kreuzung** biegen wir nach rechts ab auf die **Haarbach-**

talstraße und folgen dieser, bis wir unter einer **Autobahnbrücke** hergefahren sind. Kurz hinter der Brücke schickt uns ein **Wegweiser** nach links in **Richtung Aachen-Verlautenheide**. Wir müssen eine **kurzen Anstieg** hinauf, erreichen eine **Landstraße** und schwenken nach rechts auf diese ein. Nun geht es auf einem **Radweg** leicht **bergauf** in den Aachener **Stadtteil Verlautenheide** hinein.

An der **ersten Ampel** im Ort biegen wir rechts ab, fahren bis an eine **Gabelung** und halten uns dort geradeaus, weg von der Hauptstraße, in die **Waldstraße**. Auf der rechten Seite finden wir das **Restaurant Haus Ruland**. Wir radeln durch ein **Wohngebiet** auf der **Waldstraße** immer geradeaus und passieren ein rechts der Straße gelegenes **Wildgehege**. Die Straße macht einen **scharfen Rechtsknick**, wir fahren auf einem **geschotterten Feldweg** weiter geradeaus. Am ersten **Abzweig** nach rechts biegen wir ab und erreichen nach wenigen Metern auf der Höhe ein paar Bänke. Von hier haben wir einen **hervorragenden Ausblick** über den Aachener Talkessel und sollten diesen auch in Ruhe genießen.

2 Panoramablick; 22 km

Relativ nah vor uns entdecken wir die Kirche des Aachener Stadtteils Eilendorf mit ihrem grün gedeckten Kirchenschiff. Blicken wir geradeaus auf den Horizont, so erstrecken sich dort die Höhen des Aachener Stadtwaldes. Dieser wird von drei Türmen markiert: links ein kleiner Fernsehturm, relativ nah rechts daneben der etwas größere Fernsehturm, der sogenannte Mulleklenkes. Ein Stückchen weiter rechts erblicken wir den belgischen Aussichtsturm auf dem Dreiländereck.

Wir rollen zurück auf den **Schotterweg**, fahren nach rechts weiter und können vom Sattel aus den einen oder anderen weiteren **Ausblick** genießen. Wir passieren einen **Bauernhof** und gelangen über eine steile **Abfahrt** in einer Siedlung an eine **T-Kreuzung**. Wir wenden uns nach rechts, radeln ein Stück bergab und biegen links ab in die **Schubert-Straße**. Am **ersten Abzweig** fahren wir nach rechts in die **Apollonia-Straße** und erreichen einen **Spielplatz**, an dem wir uns nach links in die **Straße Buschbenden** wenden. An deren Ende biegen wir nach rechts in die **Franz-**

Pauly-Straße ab, fahren an der **nächsten Möglichkeit** links und erreichen eine **T-Kreuzung.** Auf der anderen Straßenseite fahren wir auf dem **kombinierten Rad-/Fußweg** nach links ein Stück den Berg hinauf und biegen rechts ab in die **Straße Deltourserb.** An einer **T-Kreuzung** fahren wir rechts, dann an einem **Bauernhof** vorbei und halten uns an einer weiteren **T-Kreuzung** ebenfalls rechts. Wir gelangen um eine **Linkskurve** herum an eine **Kreuzung.** Diese queren wir geradeaus auf die **Schlackstraße** und folgen dieser bis hinter eine **scharfe Rechtskurve,** wo wir links abbiegen.

Wir erreichen einen **Radweg**, folgen diesem nach rechts, halten uns an einer **Gabelung** links und gelangen in den **Wendehammer** einer Sackgasse. Aus dieser **Sackgasse** fahren wir hinaus bis an eine **Kreuzung** und radeln über diese hinweg auf den **Sonnenscheinweg.** Auf der linken Seite der Straße befindet sich über einem Autohaus das **Restaurant Kohlibri,** welches uns neben seiner guten Küche einen weiteren schönen Ausblick über Aachen bietet. Wir fahren weiter geradeaus durch ein **Wohngebiet** bis zu einer **T-Kreuzung**, biegen links ab, überqueren an einer **Ampel** eine Straße und fahren auf der **Schopenhauerstraße** bis an eine **T-Kreuzung.** Diese überqueren wir und fahren auf dem **Radweg** nach links immer geradeaus die **Straße** entlang, bis wir einen **Friedhof** passiert haben. Kurz dahinter biegen wir rechts ab und wenden uns am Ende der Straße links in einen **Waldweg.**

Der Aachener Stadtwald erstreckt sich über mehrere Höhen. In seinem westlichen Teil bildet er die Grenze zu den Niederlanden und Belgien. Bis 1882 diente er ausschließlich als Brennholz- bzw. Eichellieferant für die Schweinehaltung, sodass die Bäume nie höher als zehn Meter wachsen konnten. Heute sind die rund 2300 Hektar Aachener Wald ein wunderbares Erholungsgebiet.

Der Weg führt uns an einem **Pferdehof** vorbei bis zum **Kornelimünsterweg,** den wir **überqueren.** Wir fahren geradeaus weiter auf einem **Waldweg**, rollen einen Berg hinab zum **Beverbach,** den wir auf der **linken** von **zwei Brücken** überqueren. Dahinter geht es ein kurzes Stück **bergauf,** bevor wir dann auf einem Waldweg **schnurgerade** bis zu einer **Kreuzung** mit einer **Land-**

straße fahren. Diese queren wir, fahren an einem **Parkplatz** vorbei geradeaus weiter und biegen an einem **Abzweig** rechts ab. Nun rollen wir durch den **Wald** bergab, bis wir einen **Bach** überqueren. Hier biegen wir an einer **Gabelung** nach rechts ab und sehen links des Weges die **Stauanlage Kupferbach,** wo sich ein sehr schöner **Spielplatz** und **Bänke** mit einem hübschen Blick über den Stausee befinden – an Wochenenden treffen sich hier viele Aachener Familien zum Picknick. **3** Stauanlage; 32 km

Wir lassen die Stauanlage links liegen und fahren **geradeaus** weiter bis an eine **Kreuzung** mit einem **asphaltierten Weg.** Diesen überqueren wir und folgen dem **Waldweg** geradeaus, bis wir an einen rechts gelegenen **Parkplatz** kommen. Ein Stück weiter geradeaus sehen wir bereits eine **Straße,** fahren dorthin und gelangen an eine große **Kreuzung.** Wir überqueren an **Ampeln** zunächst die **Monschauer Straße** und danach die **Adenauerallee.** Auf der **Robert-Schumann-Straße** rollen wir geradeaus weiter und erreichen hinter einer **S-Kurve** den Stadtteil **Burtscheid.**

Burtscheid wurde im Jahr 997 gegründet und war 900 Jahre lang, bis 1897, eine eigenständige Stadt; dann wurde es zu einem Stadtteil von Aachen. Bereits die Kelten und Römer siedelten sich hier an und nutzten die Thermalquellen. Mit 74 Grad Wassertemperatur befindet sich hier eine der heißesten Quellen Mitteleuropas.

Wir bleiben auf der Straße und fahren an einem **scharfen Rechtsknick** geradeaus weiter durch eine **Fußgängerzone.** Am Ende liegt auf der linken Seite der **Marktbrunnen,** wo wir das Thermalwasser kosten können. Wir fahren weiter geradeaus auf der **Dammstraße** und erreichen den rechter Hand gelegenen **Kurpark.** Auch die **Wasserspiele** im Kurpark werden mit Thermalwasser gespeist. Bei kälteren Außentemperaturen dampfen sie imposant. Wir bleiben auf der **Dammstraße** und kommen an eine **T-Kreuzung,** an der wir links abbiegen. Unter einer **Eisenbahnbrücke** fahren wir hindurch und überqueren dahinter an einer **Fußgängerampel** die **Straße** nach links. Auf dem **Radweg** an der hier beginnenden **Hackländerstraße** fahren wir bis an eine **Gabelung,** wo wir uns links halten. Nach wenigen Metern erreichen wir den **Vorplatz** des **Hauptbahnhofs.**

GENUSS TOUR 02

Von Welkenraedt durch das Herver Ardennenvorland nach Lüttich
Belgische Spezialitäten, ein Bahnradweg und frankophone Lebensart

Diese Strecke gilt als eine der schönsten Ausflugsstrecken Belgiens. Zunächst fahren wir durch das ostbelgische Butterländchen. Danach biegen wir auf den Radweg Ligne 38 ab und radeln auf dieser ehemaligen Bahntrasse fast ohne Steigungen durch die Ausläufer der Ardennen. Schließlich biegen wir hoch über Lüttich ins Maastal ab, genießen die steile Abfahrt durch historisch gewachsene Stadtviertel und radeln geruhsam an der Maas entlang. Auf der abschließenden Zugfahrt durch das wunderschöne Tal der Weser lassen wir einen außergewöhnlichen Radausflug Revue passieren.

Start: **Bahnhof Welkenraedt; Ziel: Bahnhof Lüttich-Guillemins**
Pkw: **Am Autobahnkreuz Aachen A 44 Richtung Lüttich** (wird in Belgien zur A 3); **Abfahrt 38, Welkenraedt/Eupen; N 67 Richtung Welkenraedt; in Welkenraedt der Beschilderung in Richtung Gare folgen**
ÖPNV: **Mit dem RE 5033 von Aachen-Hauptbahnhof nach Welkenraedt**
Strecke: **Streckentour; ca. 54 Kilometer/8 Stunden (inkl. Rückfahrt mit dem Zug)**
Streckenprofil: **Zwischen Welkenraedt und Hombourg eine anspruchsvolle Steigung, ehemalige Bahntrasse mit leichten Höhenunterschieden**
Einkehr: **Brasserie La Gare,** Rue de la Station 52, B-4852 Hombourg, Tel. (00 32) (87) 65 26 48 (Mo–Do geschl.); **Quai des champs,** Place de la Gare 1–3, B-4650 Herve, Tel. (00 32) (87) 33 32 22 (Juli/August Mo geschl.); **Brasserie LE 38,** Avenue de la Coopération 1, B-4630 Soumagne, Tel. (00 32) (4) 3 77 01 91 (Mo/Di geschl.); **diverse Einkehrmöglichkeiten in Lüttich**
Am Wegesrand: **Butterländchen; RAVeL-Radweg; Herver Land; Fabrik Sirop de Liège,** Rue Kann 2, B-4880 Aubel, Tel. (00 32) (87) 32 27 20, www.sirop-de-liege.com (Besichtigung nach Absprache); **Lüttich; Bahnhof Lüttich-Guillemins**
Fahrradservice: **Maison du Tourisme du Pays de Herve,** Place de la Gare 1–3, B-4650 Herve, Tel. (0032) (87) 69 36 70, www.paysdeherve.be (Verleih)

GENUSS TOUR 02

Der Ortskern von Henri-Chapelle

Wir beginnen unsere Tour am **Bahnhof** von Welkenraedt. Vor dem Bahnhofsgebäude wenden wir uns auf einem **Parkplatz** nach links und nehmen noch vor dessen Ende einen **Abzweig** nach rechts in die **Innenstadt.** Schon nach wenigen Metern befinden wir uns an der **Place des Combattants,** dem Mittelpunkt der Stadt. Er wird von einem **Kreisverkehr** umrundet, dem wir nach rechts folgen. An der **zweiten Möglichkeit** verlassen wir den Kreisverkehr und fahren rechts ab in **Richtung Aachen/Vaals** auf die **Rue de l'Ecole.** Dieser folgen wir bis an eine **Kreuzung,** an der wir nach links in die **Rue de la Croix** abbiegen. Wir erreichen erneut einen **Kreisverkehr** und fahren halb links auf der **Rue de l'Yser** geradeaus weiter. Diese führt aus Welkenraedt heraus und endet an einer **T-Kreuzung,** an der wir nach links eine **Bahnlinie** queren. Nun befinden wir uns auf der **Rue du Chateau de Ruyff,** die uns durch das **Butterländchen** in Richtung des Ortes Henri-Chapelle führt.

Das Butterländchen verdankt seinen Namen der charakteristischen Landschaftsstruktur. Da sich die Bodenqualität nicht für Getreideanbau eignet, betreiben die hiesigen Bauern vorwiegend Viehwirtschaft und produzieren dementsprechend in erster Linie Milcherzeugnisse.

Wir fahren geradeaus weiter auf der **Rue du Chateau de Ruyff,** genießen die **Ausblicke** ins Butterländchen auf beiden Seiten des Weges und nehmen den einzigen **nennenswerten Anstieg** unserer Radtour in Angriff. Wir folgen der leicht ansteigenden Straße, halten uns an **zwei Gabelungen** jeweils rechts und fahren nach **Henri-Chapelle** hinein. An einer **T-Kreuzung** biegen wir in **Richtung Liège** links ab auf die **Straße Village** und wenige Meter weiter nach rechts auf die **Route d'Aubel Richtung Maastricht/Vise.** Rechts der Straße haben wir einen wunderbaren **Ausblick** ins Land hinein. Genau gegenüber von unserem Standort erhebt sich der **Vijlener Wald,** ein **Höhenzug,** der die Grenze Belgiens zu den Niederlanden und Deutschland markiert. Am **ersten Abzweig nach rechts** fahren wir auf der **Route de Hombourg** bergab in **Richtung Hombourg.** An einer **Gabelung** halten wir uns links und genießen die schöne **Abfahrt** ins Tal hinab. Wir kommen an eine **Kreuzung** und radeln auf der **Straße Remersdaal** geradeaus weiter in **Richtung Teuven,** fahren unter einer **Eisenbahnbrücke** hindurch (die wir in wenigen Minuten überfahren werden) und biegen rechts ab in **Richtung Hombourg Village.** In der folgenden **kurzen Steigung** geht es links zum Bahnhof Hombourg, wo sich die Brasserie La Gare befindet. **1 Brasserie La Gare; 10 km**

Wir biegen rechts ab, lassen das Futtermittelwerk Carnipor links liegen und nehmen den RAVeL-Radweg Ligne 38 in Angriff.

In der Region Wallonien werden seit 1995 im Rahmen des Projekts RAVeL (Réseau Autonome de Voies Lentes: Autonomes Wegenetz für langsam fließenden Verkehr) stillgelegte Eisenbahntrassen und Wege entlang von Wasserstraßen zu einem Netz Grüner Wege ausgebaut. Die Wege stehen dabei in der Regel allen Teilnehmern am langsamen Verkehr, das heißt Fußgängern, Radfahrern, Reitern und – soweit es die Wegbeschaffenheit zulässt – Inline-Skatern offen. Die Ligne 38 gilt als eine der Perlen unter den RAVeL-Radwegen.

Nun geht es **bis Lüttich** immer **geradeaus** auf dem zunächst unbefestigten, aber sehr gut zu befahrenden **Radweg.** Wir überqueren die bereits erwähnte **Eisenbahnbrücke** und befinden uns bald mitten im **Ardennenvorland.** Der Weg hat auf diesem Streckenabschnitt den Charakter eines **Hohlweges,** eröffnet uns aber immer wieder **Ausblicke** in die Umgebung. Wir sehen einsam gelegene **Bauernhöfe**, vorwiegend **Weidelandschaft** und mit etwas Glück den einen oder anderen hoch am Himmel kreisenden Greifvogel. Auf der ehemaligen Bahntrasse radeln wir leicht bergan und erreichen nach Durchquerung eines **Tunnels** eine Anhöhe oberhalb des **Städtchens Aubel**. Wir rollen parallel zu einer **Landstraße** zunächst leicht bergab und gelangen durch einen **weiteren Tunnel** und über **zwei Brücken** radelnd zum Bahnhof von **Aubel**. **2 Bahnhof Aubel; 15 km**

Links der Trasse entdecken wir eine **Fabrik**, in der eine berühmte Spezialität der Gegend hergestellt wird: der **Sirop de Liège**.

Im Pays de Herve, dem Land zwischen Lüttich und Aachen, ist der Anbau von Äpfeln und Birnen seit vielen Jahrhunderten beheimatet. Einen Teil der Ernte verarbeiten die Bauern traditionell zu Apfelkraut. Dafür werden die Früchte gepresst und der Saft zu einem Sirup eingekocht, dessen Zuckerkonzentration über 50 % erreichen kann. Jeden Sonntag findet in Aubel ein Markt statt, auf dem man neben dem Sirop de Liège auch Käse der Region, Cidre de Aubel, auch das Bier der nahe gelegenen Abtei Val-Dieu und andere lokale Spezialitäten erwerben kann. Für einen Besuch auf dem Markt biegen wir am Bahnhof rechts ab und folgen der Straße in Richtung Kirche.

Am Bahnhof befinden sich **Informationstafeln** zur Ligne 38 und der Geschichte des Bahnhofs. Eine ausrangierte Lokomotive dient als beliebtes Fotomotiv. Wir fahren geradeaus auf dem **Radweg** weiter und werden nun in einem **weiten Halbkreis** entlang den **Talkessel von Aubel** umrunden. Dabei erwarten uns weitere überraschende **Ausblicke**. Zunächst rollen wir leicht bergab über einige **Bahnübergänge** bis nach **Froidthier**. Viele ehemalige **Schrankenwärterhäuschen** stehen heute noch an den Übergängen und werden überwiegend privat bewohnt. Zu beiden Seiten des Weges liegen ausgedehnte **Weideflächen,** die vorwiegend der Milchviehwirtschaft dienen.

An einem **Tunnel** erreichen wir **Clermont**. Wenig später, von einer Brücke aus, haben wir einen sehr **schönen Blick** auf das kleine Städtchen. Die unter uns verlaufende sehr steile Landstra-

Ausrangierte Lok beim Bahnhof Aubel

ße vermittelt einen Eindruck der Topografie der Gegend und lässt uns ahnen, welch steile Passagen uns auf dem Bahnradweg erspart bleiben. Doch auch die ehemalige Bahntrasse führt natürlich hin und wieder ein wenig bergauf. Hinter **Clermont** ist dies der Fall, und wir radeln ein kurzes Wegstück bergauf zur Höhe bei Fort Battice.

3 Fort Battice; 25 km

Wir radeln durch das **Fort Battice**, erreichen die **Anhöhe**, queren eine Straße und genießen auf der anderen Straßenseite den Blick nach rechts in die Landschaft. Hier sehen wir, wie sich das Ardennenvorland in Richtung Maastal öffnet. Bei gutem Wetter können wir sogar einige Kreidefelsen im Maastal erkennen. Wir befinden uns am **höchsten Punkt** unserer Radtour und fahren **geradeaus** weiter auf dem **RAVeL-Radweg**, kommen an einen weiteren **Bahnübergang** und sehen auf der rechten Seite ein besonders schönes weißes **Bahnwärterhäuschen**. Nun rollen wir leicht bergab weiter und erreichen den **Bahnhof** von **Herve**.

4 Bahnhof Herve; 28,7 km

Hier befindet sich links des Weges das **Restaurant Quai des champs,** in dem wir u. a. lokale Spezialitäten wie belgische Schokolade und den berühmten Herver Käse probieren können.

Der Fromage de Herve wird seit dem 13. Jahrhundert auf den Bauernhöfen der Gegend hergestellt. Er reift in fünf bis sechs Wochen in feucht gehaltenen Kellerräumen und hat ein sehr intensives, pikantes und würziges Aroma, sowohl im Geschmack als auch im Geruch. Traditionell wird der Herver Käse mit etwas Sirop de Liège bei einer Tasse Kaffee gereicht.

Im ehemaligen **Bahnhofsgebäude** befindet sich neben dem Quai des champs die **Maison du Tourisme** du Pays de Herve, das Tourismusbüro. Auf unserer weiteren Fahrt beginnt auf einer **Brücke** der asphaltierte Teil der **Ligne 38.** Wir radeln am sehr schönen **Bahnhofsgebäude Melen** vorbei und unter einer **Autobahn** hindurch. Wenig später erreichen wir **Micheroux**. An einer Straße, die wir geradeaus überqueren, befindet sich die **Brasserie LE 38,** die belgische und französische Küche anbietet. Wir überqueren die Straße, fahren am **LE 38** vorbei über einen **gepflasterten Platz** und an dessen Ende rechts an einem **Sportkomplex** vorbei. Dahinter führt der Radweg durch **ehemaliges Bahnhofsgelände** wieder aus dem städtischen Bereich hinaus. Wir radeln durch ein **Wäldchen** und erreichen den **Bahnhof von Fleron.** (Auf der rechten Seite können wir freitags von 15.30 bis 17 Uhr bei René & Assunta verschiedene Käsesorten der Region erwerben.) Der Radweg durchläuft ab hier **Lütticher** Vororte und besitzt nun den Charakter einer **Promenade,** daher müssen wir ein wenig auf die Spaziergänger achten. Rechts des Weges sehen wir einen ersten **Bouleplatz** – ein Zeichen dafür, dass wir endgültig im wallonischen Teil Belgiens angekommen sind. Links und rechts des Weges begleiten weiter parkähnliche Anlagen den Weg. Wir kommen an eine **Kreuzung** mit einer stark befahrenen Straße, eine der großen Einfallstraßen nach Lüttich. Typisch für diese etwas reger befahrenen Straßen sind die Friterien, denen wir überall dort auf unserer Tour begegnen, wo auch Publikumsverkehr herrscht. Wir können hier die echten belgischen „Fritten" kosten.

Pommes Frites bekommt man heutzutage in der ganzen Welt. Die Belgier aber haben eine besondere Verbindung zu den frittierten Kartoffelstäbchen: Sie sollen in Wallonien, dem französischen Teil

Blick in den Talkessel von Aurel

Belgiens, "erfunden" worden sein. Aus Aufzeichnungen geht hervor, dass man einst im 16. Jahrhundert, als die Flüsse zugefroren waren, statt Fisch eben Kartoffelstäbchen zum Frittieren ins Fett warf. Bis heute gehören die Friterien für viele Belgier zur Landeskultur. Es gibt aber regionale Unterschiede: 11 Millimeter Dicke ist die Norm in Limburg und in Wallonien. Die Bewohner von Antwerpen bevorzugen 10 Millimeter, und rund um das flämische Gent zieht man die schlanken 9-Millimeter-Fritten vor. Dagegen dürfen sie in Eupen sogar 14 Millimeter dick sein. International machten die Fritten Karriere als "French Fries" – also als "französische Fritten". Diese Bezeichnung ist während des Ersten Weltkriegs entstanden, als Soldaten aus Übersee in West-Flandern landeten und dort auf belgische Soldaten trafen, die damals ausschließlich Französisch sprachen. Also erklärten die Amerikaner die Pommes kurzerhand zur französischen Fritte.

Wir queren die stark befahrene Straße an einer **Verkehrsinsel** und fahren auf der anderen Straßenseite geradeaus weiter. Der **Radweg** schwenkt nun zunehmend nach rechts und führt geradewegs auf die Stadt **Lüttich** zu. An einer **Bank** links des Weges haben wir einen weiteren **spektakulären Ausblick:** Wir schauen

Die Maas bei Lüttich

hinab ins Tal der Ourthe, deren Mündung in die Maas wir später im Tal noch erreichen werden. Auf einer **Brücke** über die stark befahrene Straße, die wir soeben überquerten, bietet sich ein umfassender **Blick auf Lüttich.** Nach Überquerung der **Brücke** fahren wir an **stillgelegten Industriegebäuden** vorbei, die einst von der nahe gelegenen Bahnlinie profitierten, überqueren auf der **Ligne 38** verschiedene Straßen und folgen dem nun nach links **ins Maastal** einschwenkenden **Radweg.** Noch befinden wir uns allerdings recht hoch oberhalb des Flusses und sind noch lange nicht unten im Tal angekommen. Auch auf diesem Abschnitt können wir noch mehrfach auf die im Tal der Maas gelegene Stadt Lüttich hinunterschauen.

Die Stadt Lüttich ist das kulturelle und wirtschaftliche Zentrum der Wallonie, des französischsprachigen Südens Belgiens. Sie liegt an der Maas, die sich hier besonders tief in die Ardennen eingeschnitten hat. Diese Lage macht einen Teil des Lütticher Flairs aus: Viele zentrumsnahe Bezirke befinden sich an den Hängen des Tals und werden von den typischen, unglaublich steilen, gepflasterten Lütticher Gassen durchzogen. Eine andere Zutat zum Flair der Stadt ist ihre Internationalität: Lüttich gehört zu den Vorreitern der europäischen Kohle- und Stahlindustrie, und mit deren Aufschwung fanden Immigranten, vorwiegend aus Nordafrika, Flandern und Italien, hier ein Zuhause. Und natürlich gehören auch die belgisch-frankophone Gemütlichkeit und Gastlichkeit zu den Faktoren, die Lüttich zu einem Genuss für den Besucher machen.

Wir radeln an **Einkaufszentren** vorbei, kommen an einen weiteren **ehemaligen Bahnübergang** und queren ein drittes Mal die große **Einfallstraße** nach Lüttich. Auf der anderen Straßenseite fahren wir geradeaus weiter und verlassen vor einer **Brücke** rechts abbiegend den Radweg auf einem **Schotterweg.** Dieser führt uns sehr steil zu einer Straße hinunter, der wir nach rechts bis zu einer **Gabelung** folgen. Dort nehmen wir den **Abzweig** nach links in die **Rue de la Tuilerie** und halten uns an einer **weiteren Gabelung** rechts. (Nach links führt hier eine der typischen Lüttticher Innenstadtgassen steil den Berg hinab.) Wir radeln weiter geradeaus bis an eine **T-Kreuzung,** fahren hier links bergab auf der **Rue de la Mutualité** und biegen an einer Ampel rechts ab auf die **Rue Nicolas Spiroux.** Wir treffen auf einen **Kreisverkehr,** an dem wir halb links in die **Rue de Belleflamme** einschwenken. An einem **Linksknick** der Vorfahrtstraße folgen wir weiterhin geradeaus der etwas schmaler werdenden **Rue de Belleflamme.** An einem **weiteren Kreisverkehr** biegen wir an dessen zweiter **Ausfahrt** rechts ab in die **Avenue Sluysmans** und fahren für eine Weile geradeaus weiter. Die Avenue Sluysmans wird an einer **Kreuzung** zur **Rue Eugène Vandenhoff,** der wir geradeaus folgen bis zu einer **Gabelung;** hier fahren wir nach links auf die **Rue des Fortifications** und stoßen an deren Ende wieder auf die **verkehrsreiche Einfallstraße** nach Lüttich. Wir fahren hier aber nicht auf die Hauptstraße, sondern biegen scharf links ab auf die **Straße Fusilles,** die schon bald zur gepflasterten **Thier de la Chartreuse** wird.

Am Ende der Straße biegen wir rechts bergab und erleben, was es heißt, eine der steilen Lütticher Gassen mit dem Rad hinabzufahren: Wir sollten uns eher langsam rollen lassen und den Lenker gut festhalten, weil das historische Pflaster der Straße recht grob ist. An einer **T-Kreuzung** am Ende des Gefälles fahren wir nach links unter **Bahngleisen** hindurch und auf der **Rue**

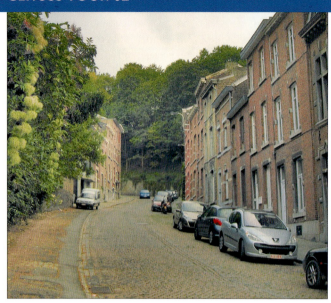
Eine typische Lütticher Straße

le Mercier geradeaus bis zu einer **Brücke,** auf der wir einen Arm der Maas überqueren. Am **anderen Ufer** biegen wir an der **zweiten Möglichkeit** halb rechts ab in **Richtung Centre/Outremeuse** auf die **Rue Puitsen-Sock;** auf dieser gelangen wir geradewegs hinein ins **Künstler- und Immigrantenviertel Outremeuse,** das auf einer Insel zwischen zwei Maasarmen liegt. Weltbekannter Bürger des Viertels war der Schriftsteller Georges Simenon. An einem **Kreisverkehr** finden wir verschiedene Möglichkeiten zur Einkehr. In den umliegenden **Cafés** können wir u. a. die berühmte Lütticher Waffel kosten.

In Belgien gibt es vielerorts kleine Läden oder Stände, in denen frische Lütticher Waffeln gebacken werden. Diese bestehen aus einem Hefeteig mit Kristallzucker und werden warm verzehrt. Der Sage zufolge wurde die Waffel im 18. Jahrhundert vom Koch des Fürsten von Lüttich erfunden, als er auf Wunsch des Fürsten mit der Zubereitung eines Hefegebäcks experimentierte und dabei Puderzucker unter den Teig mischte. Angelockt vom appetitanregenden Duft der Vanille aus der Küche vernarrte sich der Fürst in das neue Gebäck.

Wir biegen am **Kreisverkehr** nach links auf den **Boulevard Saucy** ab, der uns geradewegs an den **zweiten Arm** der **Maas** führt. Hier befindet sich eine **Fußgängerbrücke,** auf der wir in die **Lütticher Altstadt** gelangen können. Zum **Bahnhof** geht es aber nach links, immer am **Maasarm** entlang. Wir folgen der **Beschilderung** eines weiteren **RAVeL-Radweges,** der nach **Esneux** bzw. **Huy** führt, und radeln unter **zwei Brücken** hindurch. Wir verlassen das Ufer für ganz kurze Zeit und stoßen in einer **parkähnlichen Anlage** auf eine **Voliere,** an der wir, kurz vor einem **Spielplatz,** rechts abbiegen. Kurz darauf radeln wir wieder unmittelbar am **Ufer** entlang und gelangen ans Ende der **Maas-Insel.** Der Weg verläuft nach links vom Wasser weg, und wir queren auf einer **Brücke** einen **Maasarm.** Am **jenseitigen Ufer** wenden wir uns nach rechts, bleiben an einer **Gabelung** nicht am Ufer der Maas, sondern halten uns links an einer Straße entlang und fahren auf dem **Radweg** bis zu einer **Kreuzung.** Wir befinden uns hier am **Zufluss der Ourthe** in die Maas. An der **Kreuzung** biegen wir rechts ab und überqueren zunächst die **Ourthe** und im Anschluss auf einer weiteren **Brücke** auch die **Maas.** Auf einer **Allee** fahren wir bis an eine **Kreuzung** und biegen dort rechts ab in **Richtung Guillemins.** An einer **Gabelung** halten wir uns links, fahren geradeaus weiter bis an eine **T-Kreuzung** und sehen dort bereits links der Straße den futuristischen **Bahnhof Guillemins.** Er wurde nach den Entwürfen des spanisch-schweizerischen Architekten Santiago Calatrava errichtet und besitzt gewisse Ähnlichkeit mit einem Fahrradhelm.

Unsere Genusstour ist hier jedoch noch nicht zu Ende. Die **Zugfahrt** von Lüttich-Guillemins zurück zu unserem Ausgangspunkt Welkenraedt bietet einige weitere visuelle Höhepunkte. Sie führt uns über **Maas** und **Ourthe** ins Tal der **belgischen Weser.** Zunächst durchfahren wir **alte Industriesiedlungen** des Großraums Lüttich. Danach wird das Tal in Richtung der **Stadt Verviers** steiler, und wir bekommen wunderschöne Blicke auf **schroffe Abhänge, Bergwerke** und das hier eher **natürlich geprägte Tal** serviert. Mehrere **Tunnel** später fahren wir in den **Bahnhof Welkenraedt** ein und sind damit am Ende dieser großen Runde angelangt.

GENUSS TOUR 03

Das südlimburgische Mergelland bei Maastricht
Eine genüssliche Radtour durch die Hügel des Heuvellands

Diese Genusstour führt uns von der Stadt Valkenberg, am Flüsschen Genf entlang, in das historische Maastricht. Auf einem Plateau des Heuvellands treffen wir auf eine alte Windmühle und bekommen wunderschöne alte, aus Mergelstein erbaute Bauernhöfe und Kirchen sowie ein mittelalterliches Schloss zu sehen.

Start und Ziel: Bahnhof Valkenburg

Pkw: A 4 vom Autobahnkreuz Aachen in Richtung Eindhoven (wird zur A 76); bei Heerlen auf die A 79 Richtung Maastricht; bei Ausfahrt 4/Hulsberg in Richtung Valkenburg auf die N 298; hinter Bahnübergang rechts ab auf die Spoorlaan; nach ca. 100 Metern Bahnhofsparkplatz auf rechter Seite

ÖPNV: Mit der Regionalbahn via Aachen und Heerlen nach Valkenburg

Strecke: Rundtour; ca. 41 Kilometer/4 Stunden

Streckenprofil: Radwege und wenig befahrene Straßen, längere, aber sanfte Steigung auf Schotterwegen. Zum Teil Wegweiser des Fietsroute-Netwerks Limburg: weiß mit grünem Kreis und Nummer des nächsten Knotenpunktes

Einkehr: **Uitspanning de Nachtegaal,** Gemeentebroek 46, NL-6231 RV Meerssen, Tel. (00 31) (43) 3 64 21 61; **Café 't Scheulderheukske,** Dorpsstraat 66, NL-6307 PC Scheulder, Tel. (00 31) (43) 4 58 23 23; **'t Bakhuis, Fam. Maessen,** Berghof 2, NL-6321 PC Wijlre, Tel. (00 31) (43) 4 50 14 53; **Taverne 't Koetshoes,** Oosterweg 42, NL-6301 PX Valkenburg a/d Geul, Tel. (00 31) (43) 6 01 38 45; **diverse Einkehrmöglichkeiten in Geulhem, Maastricht, Valkenburg**

Am Wegesrand: **Bahnhof Valkenburg; Spoorlaan,** NL-6301 LB Valkenburg, Tel. (0031) (9 00) 2 02 11 63, www.ns.nl; **Brouwerij Leeuw,** Postbus 815, NL-6300 AV Valkenburg, Tel. (00 31) (43) 6 09 88 88, www.leeuwbier.nl; **Schloss Gerlach und St. Gerlachuskerk (Museum, Schatzkammer),** Norbertinessenhof 1, NL-6301 KM Houthem, Tel. (00 31) (43) 6 08 00 88 www.st-gerlach.nl; **Mergelstein-Formationen; Van-Tienhoven-Windmühle; Maastricht; Limburgse Vlaai; Kasteel Schaloen,** Oud Valkenburg 5, NL-6305 AA Oud-Valkenburg, Tel. (00 31) (43) 4 59 14 17, www.kasteel-schaloen.nl; **Valkenburg**

Fahrradservice: **Cycle Center Tweewieler,** De Valkenberg 8/B, NL-6301 PM Valkenburg, Tel. (00 31)(43) 6 01 53 38 (Verleih)

Wir beginnen unsere Radtour vor dem **Bahnhof** in **Valkenburg** und wenden uns mit dem Gebäude im Rücken nach rechts.

Der denkmalgeschützte Bahnhof von Valkenburg wurde aus dem typischen Baustoff der Gegend errichtet, dem Mergelstein. Das Gebäude wurde 1849 erbaut und ist damit einer der ältesten Bahnhöfe in den Niederlanden. Sein Baustil lehnt sich an den Palast des damals regierenden Königs der Niederlande an.

Wir fahren entlang einer rechts der Straße gelegenen **Bahnlinie** und bis zu einer **Gabelung**, an der wir uns links halten und der **Cremerstraat** leicht bergab bis an eine **T-Kreuzung** folgen. An dieser biegen wir **links** ab und wenden uns gleich darauf nach rechts in die **Koningswinkelstraat**. An einer **Gabelung** halten uns erneut **links**. Wir erreichen eine **T-Kreuzung** und die **Brauerei De Leeuw**, an der wir nach rechts abbiegen.

Die Brouwerij Leeuw ist eine der traditionsreichen Limburger Brauereien. 1886 kam der Unternehmer Wilhelm Dittmann von Aachen nach Valkenburg, um einen Produktionsstandort für die Aachener Export Brauerei zu suchen. Er fand eine ehemalige Krautfabrik und gründete dort eine Niederlassung der Dittmann & Sauerland Actien Brauerei. 1922 ging die Brauerei in niederländische Hände über. Heute stellt sie unterschiedliche Biere her: Weißbier, Braunbier, Bockbier, Abteibier und natürlich das Leeuw Pils.

Wir fahren geradeaus weiter bis zu einer **T-Kreuzung** und biegen links ab auf den **Radweg** entlang einer **Landstraße**. An einem **Kreisverkehr** fahren wir geradeaus weiter, verlassen Valkenburg und radeln kurze Zeit später auf einer **Allee** in den **Ort Houthem** hinein. Links der Straße entdecken wir die Einfahrt zum wunderschönen **Schloss Gerlach**.

Das Château Gerlach ist eine ehemalige Klosteranlage aus dem 12. Jahrhundert und liegt sehr idyllisch im wunderschönen Geultal. Die Anlage ist von einem weitläufigen Park, stilvollen Barockgärten, einem Kräutergarten und einem Arboretum für hochstämmige Obstbäume umgeben. Die angrenzende Sint Gerlachuskerk ge-

Das südlimburgische Mergelland bei Maastricht

Der Bahnhof von Valkenburg

hört zu den zehn Spitzenmonumenten der Niederlande. Sie enthält wunderbare Fresken aus dem Jahr 1751. Im Kreuzgang der Kirche befinden sich ein Museum und eine Schatzkammer.

Wir biegen kurz hinter dem Abzweig zum **Schloss link**s ab auf die **Onderste Straat.** Vor der **Gerlachus-Kirche** folgen wir ihr nach rechts, biegen an einer **Gabelung** an einem **Denkmal** links ab und fahren weiter geradeaus auf der **Onderste Straat.** Wir **queren** das **Flüsschen Geul** und fahren in den **Ort Geulhem** hinein. Kurz hinter dem Fluss schwenkt die Straße nach rechts und folgt von nun an als **Geulhemmerweg** dem **Flusslauf.** An **vereinzelten Häusern** vorbei erreichen wir eine **Gabelung** in der **Ansiedlung,** wo es mondäne Hotels und Ausflugslokale zu bewundern gibt. Für ein besonderes Highlight folgen wir der Straße nach links ein Stück den Berg hinauf. Hier finden wir kleine, aus **Mergelstein** erbaute Häuschen, die direkt in den Felsen hineingebaut wurden. Unsere Radtour aber geht an der **Gabelung geradeaus** weiter, und wir verlassen die Ansiedlung auf dem **geteerten Geulweg in Richtung Meerssen.** Wir radeln nun immer am Südhang des **Geultales** entlang und bekommen **spektakuläre Mergelsteinfelsen** und **-höhlen** zu sehen.

Als Reaktion auf die zunehmenden Bombardements der Alliierten Streitkräfte verlegte Deutschland im Zweiten Weltkrieg seine Waffenindustrie an bombensichere Orte. Im Zuge dieses Versuchs, dem Krieg eine Wendung zu geben, wurden 1944 im Geultal erste Produktionsstätten errichtet. Man nutzte dazu die bereits bestehenden Mergelhöhlen. In der hiesigen Bronsdaelgroeve wurden Fabriken mit 9200 Quadratmetern Nutzfläche angelegt, in denen u. a. Motoren der deutschen Bomber von Zwangsarbeitern repariert wurden.

Wir fahren **geradeaus** an einem **Campingplatz** vorbei und passieren ein **Wildgatter**. Ab hier können **Galloway-Rinder** unseren Weg kreuzen. An einer **Gabelung** erreichen wir den **Biergarten De Nachtegaal**, wo wir sehr idyllisch rasten können. Wir fahren links auf dem **De Dellenweg** am Biergarten vorbei, durchqueren ein **Waldgebiet,** verlassen das Freigehege und erreichen eine **T-Kreuzung.** Hier biegen wir links ab und radeln einen **Berg hinauf** zum KP 9. An der **Kreuzung** fahren wir geradeaus **bergab** in Richtung **KP 7** und kommen an eine **T-Kreuzung.** Hier biegen wir links ab auf den **Ijzerenkuilenweg,** folgen diesem **geradeaus** durch **Wiesen** und eine **Siedlung** und verlassen ihn erst, wenn wir an eine **Kreuzung** mit einer **stark befahrenen Straße** gelangen. **1 Kreuzung; 11 km**

Hier biegen wir rechts ab auf einen **Radweg** und fahren bis zu einer **großen Kreuzung;** wir queren nun zunächst geradeaus eine Straße und dann nach links den **Terblijter Weg.** Auf der anderen Seite fahren wir nach rechts weiter auf einem **zweispurigen Radweg.** Wir queren eine **Kreuzung** und radeln in ein **Wohngebiet** hinein. Hier endet der Radweg, und wir fahren weiter geradeaus auf dem **Pastoor Jacobus Weg.** Nun geht es über **mehrere Kreuzungen** und **Abzweige** hinweg. An einer **scharfen Linkskurve** stoßen wir auf einen **Fußgängerüberweg** über die stark befahrene **President Roosevelt Laan, überqueren** diese und fahren nach links weiter bis an eine **Ampel.** Hier biegen wir rechts ab und radeln ein Stück geradeaus. Die Straße verschwindet in einer **Unterführung;** wir fahren noch ein Stück weiter geradeaus und folgen schließlich dem Radweg ebenfalls in den **Untergrund.** Danach sehen wir auf der rechten Seite den **Bahnhof von Maastricht.** Direkt vor diesem biegen wir an einem

Kreisverkehr links ab auf die **Stationslaan,** fahren geradeaus über eine **Ampel** hinweg und an **Geschäften** und **Cafés** vorbei, bis wir ans Ufer der **Maas** stoßen. Hier biegen wir links ab und haben die Möglichkeit, direkt am Fluss mit Blick auf die **Altstadt** eine Pause einzulegen.   **2 Blick auf Maastricht; 14,4 km**

Maastricht ist die Hauptstadt der niederländischen Provinz Limburg und eine der ältesten Städte des Landes. Bereits im Jahr 500 v. Chr. gab es an dieser Stelle eine keltische Ansiedlung; ihr folgte eine römische Handelsniederlassung. Im 13. Jahrhundert wurden die erste Stadtumwallung und die Sankt-Servatius-Brücke errichtet. Letztere liegt direkt vor uns und führt in die wunderschöne Altstadt Maastrichts.

Wir aber bleiben diesseits der Maas, fahren ein Stück flussaufwärts und dann nach links wieder in Richtung **Station** (Bahnhof). An der folgenden **Gabelung** halten wir uns rechts auf die **Hoogbrugstraat** und radeln geradeaus weiter über eine **Kreuzung** hinweg bis an eine **Ampel.** Hier **queren** wir die **Avenue Ceramique** und fahren schon bald hinab in eine **Unterführung.** Aus dieser herausgekommen fahren wir **geradeaus** über einen **Kreisverkehr** hinweg und biegen rechts ab Richtung **Bemelen** auf die **Wethouder van Caldenborgh Laan;** diese wird an einer **Ampel** zum **Bemeler Weg.** Unter einer **Brücke** hindurch kommen wir in ein **Wohngebiet,** an dessen Ende wir auf die **Kreuzung** mit dem **Oude Molenweg** treffen; kurz danach biegen wir links ab in **Richtung KP 64.** Wir radeln auf einem **Feldweg** bis zu einer **Kreuzung** mit einem **asphaltierten Wirtschaftsweg,** an der wir die Wegweisung Richtung KP 64 nach rechts verlassen. An einer **Gabelung** halten wir uns rechts und biegen an der nächsten Möglichkeit **links** ab in einen **Schotterweg.** Mit sanfter Steigung fahren wir auf ein Plateau hinauf, das Dach des südlimburgischen Mergellands.

Das Mergelland, auch Heuvelland (Hügelland) genannt, bildet den höchstgelegenen Teil der Niederlande. Benannt ist es nach dem kalkigen Boden, aus dem schon seit langer Zeit Kalkstein (Mergel) abgebaut wird. Das Mergelland ist für Niederländer eines der be-

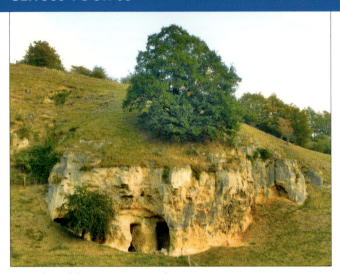

Mergelsteinfelsen am Wegesrand

liebtesten Urlaubsziele für Inlandsreisen. Mehrere Hundert Kilometer Wander- und Radwege ziehen sich durch das Gebiet.

Unser Weg macht einen Schwenk nach rechts und führt an imposanten **Mergelsteinfelsen** vorbei. An einer **Gabelung** fahren wir rechts weiter auf einem **geteerten Weg** in **Richtung Pelgrimspad.**

3 Pelgrimspad; 18 km

Wir erreichen eine **Kreuzung,** die wir geradeaus überqueren. Links des Weges steigt das von weißen Kalksteinformationen geprägte **Mergelsteinplateau** steil auf, rechts befinden sich **Obstwiesen, Felder** und **Viehweiden.** Wir kommen an eine weitere **Kreuzung,** biegen links ab und fahren **schräg gegenüber** rechts weiter. Das Gelände wird waldiger und der Weg teilweise etwas grob geschottert; er ist jedoch mit einem handelsüblichen Trekkingrad gut zu befahren. Wir erreichen eine weitere **Straße** und bleiben geradeaus auf unserem **Wirtschaftsweg.** Zweimal führt der Weg ein wenig in den Steilhang hinein, bevor wir eine **Gabelung** erreichen. Hier nehmen wir den **Abzweig** nach links und stoßen nach wenigen Metern auf einen **geteerten Weg,** dem wir folgen. An einer **T-Kreuzung** biegen wir links ab und radeln eine **Steigung** hinauf in die **Siedlung Klein Welsden.** Kurz vor Ende der Ansiedlung biegen wir nach einem **Bauernhof** (Nr. 18) rechts ab auf einen **Wirtschaftsweg,** folgen diesem über eine **Kreuzung** hinweg und fahren an einer **Gabelung** nach links weiter. An einer **T-Kreuzung** mit einer **Landstraße** biegen wir rechts ab und gelangen schon bald zur **Van-Tienhoven-Windmühle.**

4 Van-Tienhoven-Windmühle; 26 km

Die Van-Tienhoven-Windmühle wurde 1877 errichtet. Sie ist die einzige Mühle der Niederlande, die komplett aus Mergelstein erbaut wurde. 1923 brannte sie vollständig aus, wurde 1957 aufwendig restauriert und im Jahr 2000 mit einem neuen Mahlwerk versehen. Die Van-Tienhoven-Mühle kann jeweils am zweiten und vierten Samstag im Monat besichtigt werden.

Wir lassen die Mühle links liegen und fahren kurz darauf geradeaus weiter auf einem **Radweg,** der links neben einem **Wirtschaftsweg** verläuft, in **Richtung KP 69.** Wir überqueren eine **Landstraße** und folgen dem **Radweg** durch einen **Links-Rechtsschwenk.** Nach diesem erreichen wir den **Ort Ijzeren** und fahren an Häusern aus **Mergelstein** vorbei bis an eine **Gabelung.** Auf der rechten Seite befinden sich hier ein **Brunnen** und ein **Mariendenkmal.** Wir fahren halb rechts am **Brunnen** vorbei weiter in **Richtung KP 69** und biegen an einer **T-Kreuzung** erneut rechts ab. Auf einer **Landstraße** erreichen wir den **Ort Scheulder** und durchqueren ihn geradeaus. Im Ort können wir ein wunderschönes **Ensemble aus Mergelsteinbauten** bewundern: Kirche, mehrere Wohnhäuser und Vierkanthöfe sind allesamt aus dem heimischen Gestein erbaut. Hier gibt es außerdem das gemütliche **Café ´t Scheulderheukske,** das sich für eine Rast anbietet. Kurz vor dem Ende des Ortes folgen wir der Straße um eine **Rechtskurve,** rollen über einen Hügel in den Ort **Ingber** hinein und biegen am **ersten Abzweig** nach links ab in **Richtung KP 85** auf den **Wijnweg.** Dieser bringt uns aus dem Ort hinaus, an einem **Sportplatz** vorbei bis an eine **Gabelung.** Wir schwenken nach links und folgen dem **Schild 't Bakhuis.** Durch **Felder** führt uns ein geteerter Wirtschaftsweg in die **Siedlung Berghof** hinein. Dort befindet sich der malerische Hofgarten, in dem eine Limburger Spezialität serviert wird.

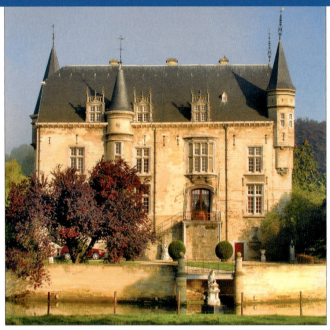

Beinahe märchenhaft: Kasteel Schaloen

„Koffie met Limburgse Vlaai" ist eine Kombination, die auf den Terrassen der zahlreichen Limburger Cafés gerne verspeist wird. Man trifft sich bevorzugt an den Wochenenden und bestellt eine Tasse Kaffee mit Limburgischem Obstfladen. Diesen gibt es in verschiedenen Fruchtvariationen und er ist typischerweise mit einem Gitter aus Hefeteig bedeckt.

Wir lassen **'t Bakhuis** rechts liegen und radeln geradeaus weiter. An einem **mächtigen Vierkantbauernhof** kommen wir an eine **Kreuzung,** an der wir **geradeaus** weiterfahren. So erreichen wir die **Siedlung Keutenberg** und direkt hinter ihr den gleichnamigen **Anstieg** (22 %) aus dem Radrennen *Amstel Gold Race*. Wir haben im Gegensatz zu den Profis das Glück, den Keutenberg hinabzufahren, sollten dabei aber **äußerst vorsichtig** sein: Er ist wirklich unglaublich steil und endet in einer gefährlichen **S-Kurve.** Wir folgen der Straße nach links in **Richtung des Ortes Schin op Geul,** fahren in den Ort hinein und biegen an einer

T-Kreuzung links ab auf den **Radweg** entlang einer **Landstraße.** Wir durchqueren zunächst **Schin op Geul** und gelangen übergangslos nach **Oud-Valkenburg.** Auch hier fahren wir weiter geradeaus an der **Landstraße** entlang, und biegen kurz vor dem Ortsausgang am **Hoeve Schaloen,** einem stattlichen Vierkanthof aus Mergelstein, rechts ab **Richtung Kasteel Schaloen.** Durch eine schöne Lindenallee radeln wir auf das Schloss zu.

Die Allee zum Kasteel Schaloen entstand um 1830, die Grundsteine für das Schloss wurden bereits um 1200 gelegt. Damals Verteidigungsburg, wurde es nach einem Brand 1656 als Lustschloss neu errichtet. Heute beherbergt das Schloss ein Hotel; der Kräutergarten kann besichtigt werden.

Vor dem **Kasteel** biegen wir rechts ab und umfahren es auf einem **geschotterten Radweg.** Auf einer **Brücke** überqueren wir die **Geul,** radeln am jenseitigen Ufer nach links am Fluss entlang weiter und passieren eine Schranke. Wir erreichen die **Taverne Het Koetshoes,** wo wir auf der idyllischen Terrasse ausruhen können, während die Kinder auf dem riesigen Spielplatz toben. Wir fahren weiter geradeaus bis an eine **T-Kreuzung** mit einer recht befahrenen Straße, queren diese an einer **Verkehrsinsel** und radeln **schräg rechts gegenüber** in der **Van Tillstraat** bis an eine **T-Kreuzung.** Dort biegen wir links ab und gelangen an eine weitere **T-Kreuzung,** an der wir nach rechts weiterradeln. Wir fahren über einen **Kreisverkehr** hinweg und biegen an der **nächsten Möglichkeit** rechts ab in die **Straße Neerhem.** Nun befinden wir uns mitten im **Zentrum von Valkenburg.**

Valkenburg lockt mit seinem mondänen Stadtkern, einer Mergelgrotte, einer alten Steinkohlemine sowie einer Therme. Die Ruine Valkenburg ist die einzige Höhenburg der Niederlande.

Durch ein **Stadttor** radeln wir in eine **Fußgängerzone** hinein, die wir geradeaus durchfahren. Wir passieren ein weiteres **Stadttor** und fahren bis zu einer **kreuzenden Straße.** Hier biegen wir **rechts** ab, halten uns an der nächsten **Ampel** geradeaus und biegen links ab zum **Bahnhof,** wo sich die Runde schließt.

GENUSS TOUR 04

Rund um den Dreiländerpunkt
Eine alte Kaiserstadt, das Butterländchen und der höchste Punkt der Niederlande

Eine Tour, die „euregionaler" nicht sein könnte: Durch die Kaiserstadt Aachen fahren wir zum Dreiländerpunkt, der höchsten Stelle der Niederlande, in das belgische Butterländchen. Wir queren einen mondänen Urlaubsort, radeln an typisch limburgischen Cafés vorbei und erleben wunderbare Ausblicke über Aachen, das Mergelland und das ehemalige Kohlenrevier Kerkrade.

Start: **Hauptbahnhof Aachen**; Ziel: **Westbahnhof Aachen**
Pkw: **A 44 oder A 4 bis Autobahnkreuz Aachen; A 544 Richtung Aachen Zentrum; am Kreisverkehr Europaplatz geradeaus bis Ampel, links auf Jülicher Straße; links auf Heinrichsallee; wird zur Wilhelmstraße; rechts Richtung Bahnhof auf Römerstraße; am links gelegenen Bahnhof vorbei; Parkhaus linke Straßenseite**
ÖPNV: **Verschiedene RE von Köln- bzw. Düsseldorf-Hauptbahnhof**
Strecke: **Rundtour; ca. 36 Kilometer/4 Stunden**
Streckenprofil: **Mäßig befahrene Straßen, etwas hügelig**
Einkehr: **Last Exit,** Krakaustraße 1, 52064 Aachen, Tel. (02 41) 3 46 47; **Hotel Dreiländereck,** Dreiländerweg 103, 52074 Aachen, Tel. (02 41) 8 89 33-0; **diverse Einkehrmöglichkeiten am Dreiländerpunkt sowie Epen und Mechelen; Michaelshof,** Bungartsweg 156, 52074 Aachen, Tel. (02 41) 1 47 74
Am Wegesrand: **Marschiertor; Drei-Räuber-Eck; Kuckhoffstraße; Westpark Aachen; Westwall; Dreiländerpunkt; Höchster Punkt der Niederlande; Terbruggener Mühle; Weiler Mamelis; Aussicht Seffent**
Fahrradservice: **Radstation Aachen,** Zollamtsstraße 3, 52064 Aachen, Tel. (02 41) 45 01 95 02, (Verleih/Reparatur; Parken)
Berührungspunkt: **Mit Tour G 01**

Das Roskapellchen in Aachen

Unsere Tour durch die drei Länder der Euregio startet auf dem **Vorplatz** des **Aachener Hauptbahnhofs.** Auf der rechten Seite steht eine **Skulptur** galoppierender Pferde. Daran vorbei überqueren wir die vor dem **Bahnhofsplatz** verlaufende **Straß**e an einer **Fußgängerampel** und schieben ein paar Meter geradeaus, bis wir auf die **Straße Bahnhofsplatz** treffen. Wir steigen in den Sattel und biegen nach links ab. Schon nach wenigen Metern wenden wir uns nach rechts und rollen die **Leydelstraße** hinab. An deren Ende biegen wir nach links in die **Wallstraße** und erreichen an einer scharfen **Rechtskurv**e ein Aachener Stadttor, das **Marschiertor.**

Rund um den Dreiländerpunkt

Das Marschiertor ist eines von zwei erhaltenen Stadttoren Aachens. Es wurde 1257 erbaut und wahrscheinlich um 1300 als Doppelturm-Torburg mit zwei viergeschossigen Rundtürmen fertiggestellt. Durch die beiden, den vierkantigen Mittelbau flankierenden Rundtürme führen stadtseitig Wendeltreppen in den Waffensaal. Die Wachräume waren im Erdgeschoss der Türme untergebracht, darunter befanden sich die Verliese. Am Ostturm entdecken wir einen außen angebrachten Aborterker. Bewacht wurde das Marschiertor von den Freihen Reichsstädtischen Stadtsoldaten und Stadtmilizen, *im Volksmund „Pennsoldaten" genannt. Das rührte von ihrer Nebenbeschäftigung her, dem Schnitzen dünner Holzstifte (Penn) zur Schuhbesohlung. Heute bietet der große Waffensaal Platz für 200 Gäste und einen historischen Rahmen für Vereinsaktivitäten und Feste aller Art.*

Wir fahren auf der anderen Seite des Stadttors auf einem **Radweg** weiter **geradeaus** (nicht rechts bergab), überqueren eine stark befahrene **Kreuzung** und erreichen ein in Anlehnung an das Dreiländereck im Volksmund **„Drei-Räuber-Eck"** genanntes Viertel der Stadt.

Das Viertel um die Karmeliterstraße erhielt seinen Namen durch die direkte Nachbarschaft von Polizeipräsidium, Finanzamt und Bischofspalais. All drei Einrichtungen hatten den Ruf, die Bewohner der Kaiserstadt in erster Linie um ihr Geld zu erleichtern. Heute befindet sich hier nur noch der Bischofssitz.

Wir radeln geradeaus weiter und biegen an der nächsten **Ampel** nach rechts ab in die **Krakauer Straße,** die in ihrem Verlauf zur **Mörgensstraße** wird. Im gemütlichen **Café Last Exit** können wir eine Stärkung für unsere Tour zu uns nehmen. Wir fahren geradeaus weiter und biegen wenige Meter vor einer **Ampel** scharf links in die **Rosstraße** ab, radeln auf ihr über die **Stromgasse** hinweg und gelangen in einer **Fußgängerzone** zum **Roskapellchen.** Hier gabelt sich der Weg, und wir nehmen den **Abzweig** rechts an der **Kapelle** vorbei, einen **Anstieg** hinauf. Wir treffen auf eine **Straße,** der wir nach rechts bis an eine **T-Kreuzung** folgen, und biegen rechts ab auf die **Jakobstraße.** Schon nach wenigen Pedaltritten **wechseln** wir die **Straßenseite** und fahren an der **Hausnummer 138/146** in eine **Hofeinfahrt** hinein, durch die wir auf die **gepflasterte Kuckhoffstraße** gelangen.

Am **Ende** der autofreien **Kuckhoffstraße** biegen wir an der **T-Kreuzung** rechts ab und fahren nach wenigen Metern nach links in die **Lochnerstraße** hinein. Auf dieser radeln wir weiter geradeaus und erreichen eine **Ampel;** hier folgen wir der **Beschilderung** des NRW-Radverkehrsnetzes in **Richtung Dreiländerpunkt**. Sie führt uns geradeaus weiter auf der **Lochnerstraße** bis zu einer **scharfen Linkskurve,** von der wir geradeaus in den **Westpark** hineinfahren.

Der Westpark wurde von dem Aachener Textil-Industriellen Emil Lochner gegründet und hieß demnach auch zunächst Lochnerpark. Der Fabrikant richtete hier einen zoologischen Garten ein, in dem er 50 Riesenschlangen sowie Bären und Tiger beherbergte. Aus dieser Zeit ist nur noch der Weiher am Ausgang zur Gartenstraße erhalten. Ebenfalls im Westpark liegt die Wiege des Bundesligaklubs Alemannia Aachen – hier trainierte die erste Mannschaft des Vereins nach seiner Gründung 1901 im Innenraum einer Radrennbahn.

Im Park radeln wir links an einem **Weiher** vorbei, halten uns geradeaus und gelangen an den **Ausgang des Parks** an der **Weststraße**. Auch hier fahren wir weiter geradeaus, ignorieren einen Abzweig nach links und radeln in einer **Rechts-/Linkskombination** unter einer **Brücke** hindurch. Wir kommen an einem **Fußballplatz** vorbei und erreichen die **Vaalser Straße**. Hier folgen wir einem **Schild Richtung Dreiländereck** nach links und überqueren an einer **Ampel** die stark befahrene **Vaalser Straße**. Auf der anderen Straßenseite fahren wir geradeaus auf der **Straße Kronenberg** bis zu einem **Parkplatz;** nachdem wir diesen passiert haben, biegen wir rechts ab in den **Gemmenicher Weg**. Wir fahren über einen **leichten Anstieg** aus der Siedlung hinaus bis an einen **Abzweig** nach rechts, dem wir **unter** einer **Eisenbahnlinie** hindurch folgen. Nach der Unterführung wenden wir uns nach links und radeln parallel zur **Bahnlinie** geradeaus weiter. Zunächst geht es an **Feldern** vorbei, dann erreichen wir ein **Wäldchen,** in dem links und rechts der Straße **Reste des Westwalls** zu entdecken sind.

Rund um den Dreiländerpunkt

Der Westwall des Deutschen Reiches war ein über 630 Kilometer verteiltes militärisches Verteidigungssystem, das aus über 18.000 Militärbunkern, Stollen und zahllosen Gräben und Panzersperren bestand. Er verlief von Kleve bis nach Weil am Rhein. Adolf Hitler ließ die Anlage, die eher von propagandistischem als strategischem Wert war, ab 1936 planen und zwischen 1938 und 1940 errichten.

Wir fahren weiter geradeaus und halten uns an einer **Gabelung** rechts. Der Weg wird nun für kurze Zeit etwas steiler und führt uns an eine **T-Kreuzung.** Wenn wir uns nach rechts wenden, erreichen wir das **Hotel Dreiländereck,** auf dessen Terrasse wir mit schönem Blick über das Butterländchen (s. S. 98) und das niederländische Örtchen Vaals ausruhen können. Unsere Route verläuft aber an der **T-Kreuzung** nach links. Wir fahren sanft bergauf bis an eine **Gabelung,** an der wir dem Schild *Dreiländerpunkt (Fußweg)* nach rechts folgen. Wir befinden uns nun auf dem **letzten Anstieg** Richtung Dreiländereck und können diesen nach einer **Linkskurve** auf einer Bank für eine Pause mit **beeindruckendem Blick** über Aachen unterbrechen. Wir sehen halb links über der Stadt thronend den Lousberg mit seinem Aussichtsturm und rechts davon die Türme von Rathaus, Dom und Jakobskirche. Wir fahren **geradeaus** noch ein paar Meter **bergauf** und kommen auf einem **Schotterweg** an eine **T-Kreuzung** mit einer **Schranke.** Wenn wir hier von der Schranke aus ein Stück nach rechts gehen, sehen wir den belgischen **Aussichtsturm Boudewijntoren** und den **Dreiländerpunkt.**

1 Dreiländerpunkt; 7 km

Das Dreiländereck von Deutschland, Belgien und den Niederlanden markiert gleichzeitig mit 322,5 Metern den höchsten Punkt der Niederlande. In früheren Zeiten war hier sogar ein Vierländerpunkt. Das Territorium Neutral-Moresnet (die Gegend um Kelmis) wurde nach dem Sturz Napoleons von Preußen und Belgien verwaltet und war bis 1919 das vierte Land auf dem Berg. Heutzutage ist das Dreiländereck ein beliebtes Ausflugsziel, unter den Niederländern gar das beliebteste des Landes. Wir können hier einen Imbiss zu uns nehmen, uns im Heckenlabyrinth verirren oder

Epen besticht durch zahlreiche Fachwerkhäuser

den Boudewijnturm besteigen, um die Aussicht zu genießen. Für die Kleinen gibt es hier einen aufregenden Spielplatz.

Zur Fortsetzung unserer Tour fahren wir an der **Schranke geradeaus** weiter, in **Richtung Gemmenich** vom Dreiländerberg hinab. Wir befinden uns nun in **Belgien**, im **Herver Land** (s. S. 100). Wir rollen in **Serpentinen** auf relativ unebenem Asphalt abwärts, sind aufgrund des dürftigen Untergrunds ein wenig vorsichtig und fahren **unter** einer **Brücke** hindurch in eine **Siedlung** hinein. Wir folgen der Straße geradeaus durch die **Siedlung** bis an eine **T-Kreuzung**, an der wir nach links **Richtung Moresnet-Chapelle** abbiegen. Nun rollen wir sanft bergab in den **Ort Gemmenich** hinein, erreichen eine **Kreuzung** und biegen rechts ab in **Richtung Sippenaeken** auf die **Rue des Ecoles**. An einer **Kirche** vorbei radeln wir durch eine **Wohnsiedlung** in Kurven **bergauf** und verlassen den Ort. Nun folgen wir für längere Zeit einer **Landstraße**. Am Ende eines **Anstiegs** folgen wir der Straße durch eine **scharfe Linkskurve**, rollen eine landschaftlich sehr attraktive Strecke **bergab** und überqueren im **Tal** angekommen die **Geul**. Hier befindet sich auf der rechten Seite die **Wassermühle von Terbruggen**. **2** Wassermühle Terbruggen; 14 km

Die Mühle stammt aus dem Jahr 1801, der Betrieb wurde jedoch 1984 eingestellt. In Terbruggen wurde vorwiegend Gerstenmehl zum Mästen von Schweinen und Hafermehl als Zusatzfutter für Jungvieh und Pferde produziert. Das Schaufelrad mit einem Durchmesser von fünf Metern wird durch die Geul angetrieben und kann gut eingesehen werden. Die Mühle selbst ist nicht zugänglich.

Wir überqueren die **Geul** und erreichen eine **T-Kreuzung.** Hier biegen wir rechts ab und fahren in den **Ort Sippenaeken** hinein. Über einen kurzen **Anstieg** erreichen wir **Marktplatz** und **Kirche,** wo sich uns verschiedene **Einkehrmöglichkeiten** bieten. Wir fahren geradeaus weiter, durch eine **Senke** hindurch und erreichen bergauf an einem **Abzweig** nach rechts den **KP 92,** der auf der linken Seite der Straße durch ein Schild markiert ist. Wir biegen rechts ab in **Richtung KP 90** in eine **Gasse,** passieren an einem **Grenzstein** den Übergang in die Niederlande und fahren zwischen **Fachwerkhäusern** hindurch aus dem Ort hinaus. Wir folgen der schmalen Straße durch **Wiesen** und um eine **scharfe Linkskurve** herum und rollen durch einen **Hohlweg** bergab ins **Tal der Geul.** An einer **Gabelung** halten wir uns links. Am Ende der Gefällstrecke kommen wir an eine **T-Kreuzung** und biegen rechts ab in **Richtung Epen.** Wir ignorieren mehrere Abzweige und radeln geradeaus bis an eine weitere **T-Kreuzung.** Auch hier halten wir die Richtung geradeaus bei und gelangen in den **Ortskern von Epen,** wo **mondäne Hotels** und **Cafés** zur Einkehr einladen.

3 Epen; 19 km

Wir folgen der **Straße** durch Epen hindurch und verlassen den Ort hinter einer **scharfen Rechtskurve.** Auf dem **Ortsausgangsschild** sehen wir zwei Schreibweisen: Epen und Ieëpe. Die zweite ist die limburgische Version.

Der Limburger Dialekt wird sowohl im belgischen als auch im niederländischen Teil Limburgs gesprochen. Auch die Dialekte des deutschen Grenzgebietes zählen zum Limburgischen. Daher können deutsche Bewohner der Grenzregion um Aachen, wenn sie den eigenen Dialekt beherrschen, die Limburger recht gut verstehen. Das Limburgische in all seinen Varianten wird heute von ca. 1,6 Millionen Menschen gesprochen. Es ist nach der Charta des Eu-

roparats in den Niederlanden als eigene Regionalsprache anerkannt und so verabschiedet man uns aus Epen mit dem für Limburg typischen Adieë, einer Ableitung des französischen Adieu.

Wir radeln nun auf einer **Landstraße** durch wunderschöne **Flussauen**; rechts der Straße mäandert die **Geul** durch das Tal. Nachdem wir einige **Einsiedeleien** und **Bauernhöfe** passiert haben, fahren wir in den **Ort Mechelen** hinein. In einer **Rechtskurve** im Ort passieren wir eine **weitere Mühle**, queren die **Geul** und gelangen ins **Zentrum** des Städtchens. Hier finden wir ausreichend Möglichkeiten, eine Stärkung zu uns zu nehmen. Wir fahren geradeaus auf der **Hoofdstraat** (Hauptstraße) durch den Ort und biegen an einer **Gabelung** rechts ab in **Richtung Vijlen**. Auf sanft **ansteigender Straße** verlassen wir Mechelen, radeln durch **Felder** und **Wiesen** und erreichen die **Ansiedlung Hilleshagen**. An dessen Ausgang haben wir die Steigung bewältigt und radeln weiter geradeaus. Nun genießen wir den Ausblick ins Umland und sehen vor uns die **Kirche von Vijlen** – es ist die höchstgelegene Kirche der Niederlande. Wir fahren geradeaus in das *Bergdorf* (so nennt Vijlen sich) und erreichen eine **T-Kreuzung,** an der wir links abbiegen. Wenige Pedaltritte später fahren wir nach rechts auf den **Oude-Trichter-Weg.** Der Höhenzug, den wir links der Straße in einiger Entfernung sehen können, ist bereits wieder deutsches Gebiet. Wir folgen dem Weg **geradeaus** durch eine **Wohnsiedlung** hindurch und kommen hinter einer **Kreuzung** am Ende der Siedlung an eine **Gabelung,** an der wir nach links bergab fahren. An der **nächsten Kreuzung** wird der bis dahin geteerte Wirtschaftsweg zum **Schotterweg,** und wir biegen links ab. Wir folgen dem Weg, halten uns an einer **Gabelung** rechts und stoßen auf eine stark befahrene **Landstraße.** Diese überqueren wir an einer **Verkehrsinsel** und fahren nach links weiter bis an einen **Kreisverkehr,** wo wir nach rechts abbiegen in **Richtung Mamelis.** 4 Mamelis; 27 km

Der Weiler Mamelis besteht aus einem vierflügeligen, aus Backstein erbauten Hof und zwei Reihen Fachwerkhäuser. Früher war die ehemalige Mühle Grenzpunkt des Aachener Wildbanns, der unterschiedliche Reviere voneinander trennte. Durch die Furt des Senser-

Alte Brauerei in Mechelen

baches bei Mamelis führte 1940 der Einmarsch deutscher Truppen in die Niederlande. Links der Hangkante erblicken wir ein Benediktinerkloster, das für seine moderne Architektur bekannt ist.

Wir radeln zwischen **Vierkanthof** und **Fachwerkhäusern** durch Mamelis hindurch und erreichen eine **Furt** durch den **Senserbach**. Auf einem **Fußweg** links der Furt überqueren wir den **Bach** und damit die **Grenze** nach **Deutschland**. An einer **Gabelung** jenseits des Ufers biegen wir links ab und radeln auf einem **geteerten Wirtschaftsweg** einen **Anstieg** hinauf. Auf dieser Strecke haben wir einen **hervorragenden Blick** über die Grenze ins niederländische Mergelland (s. S. 113). Es ist die bergigste Gegend der Niederlande und wird auch „das holländische Bayern" genannt. Wir erreichen den links des Weges liegenden **Michaelshof** mit seiner Käserei, wo wir uns im **Hofladen** mit Proviant eindecken können, fahren geradeaus weiter, halten uns an einer **Gabelung** rechts auf dem **Bungartsweg** und radeln an einem **Sportplatz** vorbei in den **Aachener Vorort Orsbach** hinein. An einer **Gabelung** fahren wir rechts auf dem **Düserhofweg** weiter, passieren die **Kirche** des Ortes und radeln auf einem sanften **Anstieg** geradeaus durch **Orsbach**. Kurz vor dem Ende der Siedlung biegen wir an einer **Gabelung** rechts ab auf den **Schlangenbergweg**. Diesem folgen wir **geradeaus** über ein **Plateau** hinweg. Wir fahren durch **ausgedehnte Felder** und genießen **beeindruckende Ausblicke:** nach rechts ins Mergelland und nach links über das ehemalige Bergbaugebiet rund um die Städte Heerlen und Kerkrade. Wir folgen dem **Schlangenbergweg** bis an eine **Kreuzung** hoch über der **Siedlung Seffent**, an der wir einen weiteren **schönen Ausblick** haben, diesmal über die Stadt Aachen.

Direkt vor uns sehen wir das futuristisch anmutende Universitätsklinikum und links eine Anhöhe mit Aussichtsturm, den Lousberg. Dazwischen erstreckt sich der Aachener Talkessel.

Wir fahren geradeaus über die **Kreuzung** hinweg und rollen eine rasante **Abfahrt** hinab bis an eine **Landstraße** (BP mit Tour G 01). Diese überqueren wir und radeln geradeaus auf einem **Schotterweg** weiter. Es ist der **Rabentalweg,** auf dem wir sämtliche Abzweige nach links und rechts ignorieren und an einem sehr schönen, mit **Gras-Sofas** umgebenen **Biotop** vorbeikommen (s. S. 89).

5 Biotop mit Gras-Sofas; 34 km

Wir folgen dem Rabentalweg bis an eine **Gabelung,** an der wir nach links auf einen **rot gepflasterten Radweg** abbiegen. Auf diesem erreichen wir eine **Straße,** der wir geradeaus über eine **Brücke** folgen. Am **zweiten Abzweig** nach links biegen wir in die **Ahornstraße** und folgen ihr bis an eine **Ampel.** Wir überqueren diese und fahren weiter geradeaus auf der **Ahornstraße,** die in ihrem Verlauf recht **steil bergab** bis an eine **T-Kreuzung** führt. Hier biegen wir rechts ab auf den **Seffenter Weg** und folgen ihm geradeaus. Er wird in seinem Verlauf zur **Gefällstrecke,** auf der wir eine **Unterführung** und damit die Zugänge zu den Bahnsteigen des **Westbahnhofs** erreichen. Unsere Tour endet hier. Vom Westbahnhof aus können wir mit der Regionalbahn zum Ausgangspunkt unserer Reise durch das Dreiländereck, dem **Hauptbahnhof Aachen,** gelangen.